Wie schafft die Eintagsfliege
nur ihr ganzes Leben?

Gudula Zückert

Wie schafft die Eintagsfliege nur ihr ganzes Leben?

Geschichten

MyStory Verlag

Bibliografische Information der Deutschen Bibliothek:
Die Deutsche Bibliothek verzeichnet diese Publikation in der Deutschen
Nationalbibliografie; detaillierte bibliografische Daten sind im Internet
über http://dnb.ddb.de abrufbar.

© Gudula Zückert, Strausberg
„Ballade von dem Drainage-Leger Fredi Rohsmeisl aus Buckow" Copyright © 1991 by Wolf Biermann

Herstellung: Books on Demand GmbH, Norderstedt
Layout: Chris Kurbjuhn, MyStory Verlag, Berlin
Abbildungen: Privatbesitz Gudula Zückert, alle Rechte vorbehalten

Alle Rechte vorbehalten. Kein Teil der in diesem Buch enthaltenen Werke darf in irgendeiner Form (durch Fotografie, Mikrofilm oder ein anderes Verfahren) ohne schriftliche Genehmigung des Verlages reproduziert oder unter Verwendung elektronischer Systeme verarbeitet, vervielfältigt oder verbreitet werden.

ISBN 978-3-938399-39-2

http://www.mystory-verlag.de

Diese Frage ist zu gut, um sie mit einer Antwort zu verderben.

Robert Koch

Sonnensonnabend zwischen den Zeiten
(1990)

Die Sonnenstrahlen gelangen durch das dichte Eichenlaub auf den Tisch. Wir frühstücken beide vor unserer Hütte, obwohl die Wespen ausschwärmen. Der Zeiger der verrosteten Sonnenuhr an der Kiefer wirft seinen Schatten auf die Sieben. Durch die Ruhe des Waldes dringt die Stimme der Kirchenglocke aus Bollersdorf. Wir erwarten Maria und schlendern zur Straße. In der Stille um uns herum hören wir den Bus. Er stöhnt in der Kurve zur Höhe. Der Fahrer lässt den Bus vor uns halten, aber keiner steigt aus. Ratlos schauen wir den Fahrer an, der bedauernd die Schultern hebt. Der nächste Bus kommt erst in zwei Stunden und Maria wollte unbedingt schon vormittags bei uns sein! Ich drehe mich um und eile zum „Urwaldhaus", dessen Name auf einem Palisadentor steht. Dort wohnt die Nachbarin, bei der ich telefonieren kann. Wer weiß, was Maria aufgehalten hat! Aber da kommt sie rufend über den Berg. Sie ist eine Haltestelle zu früh ausgestiegen und quer durch den Wald gelaufen. Sie will mit mir gleich durch den Pflaumenweg gehen. Sie will sehen, wo wir vielleicht tausend Quadratmeter Land von der Gemeinde kaufen können. Am Weg wölbt sich das Brombeergestrüpp zu kleinen Hügeln. Auf den Brennnesseln sitzen Pfauenaugen und Bläulinge. Dazwischen wartet regungslos die Spinne im Zentrum ihres Netzwerkes auf Beute. Ich zeige Maria das Johanniskraut, dem ich schon vor Wochen die gelben Blüten mit den roten Tröpfchen genommen habe, um sie in einer kleinen Ölflasche zu einer Wundermedizin reifen zu lassen. Maria spinnt sich in den Gedanken ein, nun doch einmal ein Haus zu bauen. Raus aus der Stadt, aus dem Hochhaus. Dieser Wunsch bewegt sie seit zwanzig Jahren. Er ist zu einem festen Kokon geworden, aus dem aber nichts Lebendiges schlüpft. Überall im kleinen Land hat sie verwunschene, verlassene Häuser ausgebaut – immer in Gedanken. Wenn sie unser nachsichtiges Lächeln sieht, lacht sie laut auf, als nähme sie ihren Traum selbst nicht ganz ernst. Jetzt aber scheint er nicht mehr unmöglich zu sein. Fast alles übersteigt das Maß des Gewohnten.

Träume helfen, auch wenn sie unverwirklicht bleiben. Sollten sie wahrhaftig werden, bringen sie Unruhe, Aufregung, Konflikte. Ist das nötig? Warum bleiben wir nicht beim Träumen? Haben wir denn so viel vermisst?

Ich gehe neben meiner Schwester und äußere nichts von meinen Gedanken. Sie ist die Ältere, deren Meinung für mich immer wichtig war.

Wir stehen am Ende des Weges vor dem abgeernteten Feld. Das Genossenschaftsland wird zerstückelt.

Das Haus wäre allen Winden ausgesetzt, sage ich.

Ich könnte auf das Dorf, zum See, zum Wald und über die Äcker sehen, sagt sie.

Aber ein Stück vom Pflaumenweg geht verloren. Dort würde der Zaun mit der Toreinfahrt stehen.

Noch ist der Weg unser kleines ungestörtes Paradies. Kaum jemand begeht ihn. Auf beiden Seiten wachsen dicht beieinander die wilden Rosen und Brombeeren, die uralten Kirsch- und Pflaumenbäume, die in der Frühlingsblüte ihre letzte Kraft verschwenden, knorriger Weiß- und Rotdorn. Der Holunder jongliert jedes Jahr seine weißen Teller, und jedes Jahr will ich sie in Eierkuchenteig braten. Nie kommt es dazu. Die vielen Zauberkräuter, die dort wachsen, kenne ich nicht beim Namen; wohl aber die blaue Wegwarte, das duftende Labkraut, das gelbsaftige Schöllkraut, den eleganten Spitzwegerich.

Am späten Vormittag studiert Maria auf der Gänseblümchenwiese vor der Hütte die Hauskataloge und findet alles unerschwinglich. Wir sind zehn Jahre zu alt, meint sie. Aber der Traum lebt weiter.

In unsere Ruhe läuft meine liebe Nachbarin, die alte Frau Reile aus dem „Urwaldhaus". Sie sagt, sie will sich mit uns beraten, ob sie Frau von Mossow im Münsterland anrufen soll. Herr Pritze habe sie darum gebeten. Schließlich war sie vor mehr als fünfzig Jahren die Wirtschaftsleiterin auf dem Gutshof. Herr Pritze glaubt nicht, dass die Bodenreform noch lange Bestand haben wird. Er möchte etwas Sicherheit haben und von der alten Gutsherrin wissen, ob er mit seinem Gestüt auf ihrem Land bleiben kann. Die LPG wird aufgelöst. Nur die Pferdezucht ist konkurrenzfähig, meint Pritze. Und nun hänge sich der Rest der LPG an ihn. Er will aber den Pferdehof von der Genossenschaft abtrennen und selbstständig werden. Frau Reile erzählt uns diese Neuigkeiten und braucht eigentlich keinen Rat. Ich will meine Meinung zu Pritzes Plan auch nicht äußern. Die gute Reile ist die Mittlerin zwischen früher und heute, zwischen West und Ost. Sie wird noch am Abend Frau von Mossow anrufen, die sie Jahr für Jahr hier besucht hat.

Auch Joachim schweigt. Er denkt wie ich. Der Einigungsvertrag ist noch nicht unterschrieben und schon hat nichts mehr Bestand von dem, was unser Leben war.

Die Hitze des Tages haben wir im Wald nicht gespürt. Erst als wir am Nachmittag mit Maria nach Marxwalde fahren, empfinden wir das Glühen der Luft. Der löchrige Asphalt auf der kurvenreichen Landstraße schmilzt. Die Storchennester in Ringenwalde und Karlsdorf sind schon verlassen.

Im Schloss trinken wir Kaffee und kaufen noch für Maria eine Konzertkarte. In dem kühlen Gartensaal genießen wir das Können von Weidhaas und Sanderling.

Musik kann man nicht sehen, nur hören, hatte Toni kürzlich festgestellt. Ich versuche jetzt, auch mit den Augen zu genießen und schaue in den Lenné-Park und auf das erste Denkmal, das für den großen König einst aufgestellt wurde. Mit seiner Unaufdringlichkeit konnte es alle Zeiten überdauern. Geige und Cello stimmen mich ganz ruhig und zufrieden. Es ist wie immer, sage ich mir beschwörend.

Erst als wir das Schloss verlassen, sehe ich unter den alten kranken Platanen den Aufnahmewagen vom Sender Freies Berlin stehen. Neben der Terrasse warten schwere Autos mit dem Kennzeichen B. Unser Trabi hat noch sein IKE. Alles ist noch deutlich getrennt, aber wir sind nicht mehr unter uns.

Tonis Lebenshilfe:
Am Abend erzählt mir Toni am Telefon, dass er morgen mit den Eltern nach Berlin fahren wird: „Ich will sehen, wie unser Land mit dem anderen Land zusammenwächst."

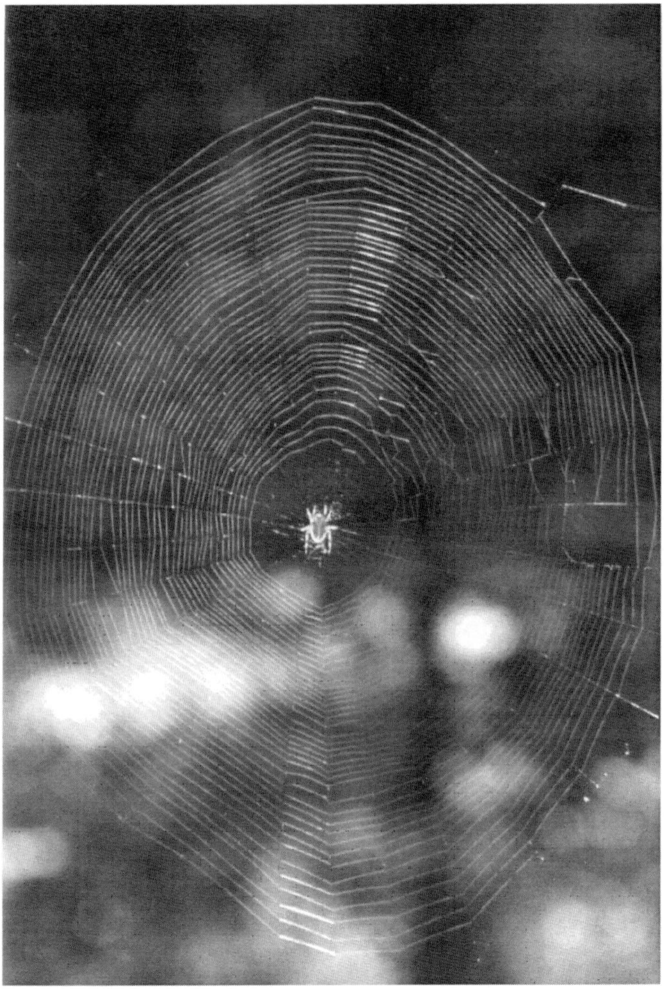

Der letzte und der erste Tag (1990)

Heute beginnen wieder die Lehrveranstaltungen. Die Studenten drängen in den Raum. Die Stühle reichen nicht aus. Es ist das erste Mal, dass kommen kann, wer kommen will. Es gibt keine Zulassungsbeschränkungen mehr und keine Aufnahmegespräche. Zehn Namen stehen auf meiner Liste. Jetzt sitzen und stehen mehr als vierzig Neulinge im Zimmer. Unordnung, Lärm. Die Selbstverständlichkeit, von allem Besitz zu ergreifen, steckt an. Es sind Augenblicke, in denen alles möglich erscheint.

Ich versuche, das erregte, freudige Spektakel zu ordnen und bitte einige Studenten, sich doch für die Lehrveranstaltungen meiner Kollegen zu entscheiden. Sie können doch nicht auf dem Fußboden sitzen! Sie richten sich ein.

Ich schaue aus dem Fenster auf das Gebäude der alten Staatsbibliothek. Der Ausblick ist mir sehr vertraut. Es ist erst wenige Monate her, dass hier in diesem Zimmer die wichtigsten Sitzungen der Sektion stattgefunden haben: Wer wird vom wissenschaftlichen Nachwuchs in das Förderprogramm aufgenommen, wer wird eine Studentengruppe des ersten Semesters betreuen, welche Forschungsschwerpunkte sind zu bearbeiten, wer fährt zu Kongressen und Arbeitsaufenthalten ins Ausland, wie ist die aktuell-politische Situation?

Nun, wie ist sie? Heute ist der letzte Tag. Ich sage mir noch einmal den ganzen hoffnungsvollen Namen, so wie ich das Land, in dem ich lebe, nur selten benannt habe.

Offiziell ist heute sein letzter Tag, aber es ist schon tot. Langsam abgestorben, trotzdem ein unfassbar schnelles Ende.

Aber wir bleiben ja, uns gibt es noch und es gibt so viel zu tun! Ich bin jetzt froh, dass alle Studenten geblieben sind. Wir fangen an.

Joachim bringt zu dieser Zeit zwei Aufsätze von uns zum Volk und Wissen Verlag. Volkseigener! Das Wort gehört noch zum Namen, selten ausgesprochen, kaum bedacht, bald gestrichen.

Auf dem Rückweg bleibt Joachim am Haus der Parlamentarier stehen. Die DDR-Fahne hängt noch dort. Auf der Uni weht schon die Fahne der Bundesrepublik Deutschland.

Unser junger Hausmeister läuft eilfertig durch die Gänge, um irgendwo weitere Fahnen anzubringen; so wie vor einem Jahr, als zum Totentanz in den Palast der Republik gebeten wurde.

Zum Feierabend lassen wir das Auto vor der Uni stehen. Ich habe den Wunsch, nach langer Zeit einmal wieder gemächlich zum Alex zu laufen. Ich will unter Menschen sein. Ich will einen endlosen Tag.

Wir sind von sanfter Nachmittagssonne umgeben. Das Licht wird von der Dämmerung schon gebrochen, und wie immer fliegen zu dieser Stunde die Möwen zu ihren Schlafplätzen am Wasser.

Überall werden geschäftig weiße Zelte und bunte Stände aufgebaut. Die aufdringlichen Firmenzeichen habe ich hier noch nie gesehen.

An der Neuen Wache stehen bis zum heutigen Abend die Soldaten in der vertrauten Uniform. Dann soll die Wache geschlossen werden. Bis irgendwann.

Viele Menschen sind unterwegs. Sie flanieren mit neugierigen Gesichtern. Ich wehre mich gegen das Gefühl, dass sie mir sehr fern und fremd sind. Aber sie sind nicht von hier.

Wir sind zu Hause angekommen. Aus einem Fenster im Hochhaus hängt eine DDR-Fahne mit Trauerflor.

In der Ecke hinter dem Kleiderschrank steht noch unsere. Ich hole sie hervor, löse die Reißzwecken aus dem Holzstab, falte den Stoff zusammen und lege ihn auf den Boden des Schrankes.

Am späten Abend klingelt das Telefon. Ich weiß, Mama will erzählen. Heute ist ihre Stimme oft von Tränen erstickt. Sie lebt den Tag in Erinnerungen.

Ihr Bruder Vicki hatte ihr auf dem letzten Feldurlaub sein Tagebuch gegeben. Er fühlte seinen Tod. In dem Tagebuch stand,

dass sie für ihn das Adagio aus der Pathetique spielen soll, wenn irgendwann endlich die Friedensglocken läuten würden und er sie nicht mehr hören könne. Er ist seit fünfzig Jahren tot. Mamas Finger können das Adagio nicht mehr spielen. Morgen erklingt auch nicht das Friedensgeläut, auf das sie gewartet hat. Sie trägt schwer an der Sorge um uns alle.
Ich bin müde. Eigentlich will ich nicht bis Mitternacht aufbleiben. Joachim ist anderer Meinung und bemerkt scherzhaft, dass nach einer überstandenen Diktatur nun meine folge.
Also bleiben wir auf und sehen auf dem Bildschirm, wie die Einheit Deutschlands offiziell vollzogen wird. Ich nehme wahr, wie viele Menschen es sind, die mit Jubel dieses Ereignis begrüßen. Der König ist tot, es lebe der König!
Ich würde gern auch so unbeschwert sein, aber trotz beschworener Zuversicht ist die Zukunft ungewiss, und das hält mich vom Jubeln ab. Nachts schlafe ich schlecht. Ich bekomme die gefürchtete Migräne, setze mich im Wohnzimmer in einen Sessel und presse die Stirn gegen die scharfe Tischkante. Der eine Schmerz soll den anderen vertreiben.
Der Morgen bringt Linderung.
Heute, am 3. Oktober, wäre Omchens Geburtstag. Der einhundertundelfte. Ich schau mir ihre Bleistiftzeichnung an, die über meinem Nachttisch hängt. Eine idyllische Dorfansicht, von unserer Großmutter vor fast hundert Jahren fein gezeichnet wie mit Dürers Silberstift.
Draußen ist Altweibersommer. Die Rasenfläche vor dem Hochhaus hat noch ihr kräftiges Grün, und rot gefärbt leuchten die kleinen Essigbäume.
Joachim ordnet die neuen Bücher ein, die wir vom Historiker-Tag in Bochum mitgebracht haben.
Ich will nichts Neues in die Hand nehmen und ordne auf dem Balkon meine Blumen.
Es ist eine feiertägliche Stimmung in mir. Ich will sie gar nicht. Trauer und Feierlichkeit sind heute mein Gefühlspaar.
Joachim hat morgen zwei Vorlesungen zu halten. Ich suche auf der Deutschlandkarte im Atlas Bad Godesberg. In einigen

Wochen soll ich dort auf einer Konferenz sprechen. Mein Referat ist noch nicht fertig.

Am Nachmittag sitzt jeder an seinem Schreibtisch.

Tonis Lebenshilfe:

Toni erzählt mir, wie gut ihm Westberlin gefallen hat; besonders die Doppelstockbusse.

„Weißt du, Oma, dass die in Westberlin auch so reden wie wir?"

Träume und Zeichen (1991)

Es waren wunderschöne Farben, ein Bild in lindgrün und altrosa. Einzelne Seerosen hatten weißgelbe Blüten. Ich badete in dieser Harmonie. Die große Ruhe umgab mich und ich begann, den 20. September zu suchen. Ich schaute mir die Kalenderblätter an. Überall die gleichen Farben und Ornamente. Aber ich fand meinen Tag nicht. Er war nicht da. Es gab keinen 20. September. Ich stellte es ganz ruhig fest, keine Erschütterung, nichts. Die Farben waren das Leben, und die Ruhe blieb bei mir.

Ich wollte dort verweilen, mich in jedes Blatt noch einmal versenken, darin schwimmen, meinen Tag suchen, egal, ob ich ihn jemals finde. Was ist er schon, der 20. September!

Auf der Seite liegend schaut Joachim mich an. Sein Gesicht ist nur eine Sekunde von mir entfernt.

Nun ist er wohl doch zu mir gekommen, der verlorene Tag. Ich bin fast ein wenig enttäuscht. Geborgenheit und Ruhe des Schlafes verfliegen. Joachim verbirgt sein Gesicht in meinem Arm, hält mich fest und ich errate mehr seine Worte, als dass ich sie höre. Er wünscht mir, woran wir beide kaum noch glauben – Zuversicht, eine kleine Zukunft, ein bisschen Festigkeit.

Am Morgen ist es am Schlimmsten. Aber das Bett ist wie eine Höhle, die uns beschützt.

Ich sehe in das Gesicht neben mir. Die Angst sitzt in den Augen und den Stirnfalten.

Ich zähle laut auf, was uns bleibt: Wir sind zusammen, wir sind gesund. Ich kann vielleicht noch am Institut bleiben. Wenn du gehen musst, leben wir von meinem Gehalt und dem Arbeitslosengeld. Wir suchen in Ruhe etwas Neues für dich. Du nimmst auf keinen Fall das erstbeste Angebot.

Joachim ist gedemütigt. Er gibt sich Mühe, die Depression zu überspielen. Es ist mein Geburtstag, mein fünfzigster. In diesem Jahr sind wir beide hundert Jahre alt geworden. Joachims Tag ist schon vorbei, nicht begangen, nicht gefeiert. Es hat auch keiner der Kollegen daran gedacht.

Joachim sucht das Gedicht vom 20. September heraus. Er liest es mir vor und stellt das Buch von Eva Strittmatter aufgeschlagen auf den Notenständer. Wie jedes Jahr. Aber das Gedicht hat seinen Zauber verloren. Keiner sagt es dem anderen. Das Alltägliche kommt über mich. Ich muss den Pflaumenkuchen backen. Immer wieder schaue ich in die Schüssel. Der Teig geht nicht auf. Ich traue der neuen Trockenhefe von Dr. Oetker nicht. Die gab es hier nicht; nur frische Bäckerhefe! Ich rufe Joachim aus dem Arbeitszimmer heraus. Auf seinem Schreibtisch liegt seit dem Urteil der Evaluierungskommission alles unverändert. Ich darf jetzt nicht darüber nachdenken. Aber Joachim denkt nach und quält sich: Was mache ich mit meiner neuen Vorlesung? Wollen wir überhaupt noch die Fachzeitschrift bestellen? Ich melde mich nicht mehr zum Kongress an!

Heute gehe ich darüber hinweg: Du musst zum Bäcker. Ich will wie früher die frische Hefe für einen Groschen. Mit der Trockenhefe kann ich nichts anfangen!

Joachim geht und kommt. Hefe für nur einen Groschen ist aber nur ein Krümel. Neues Geld, neue Preise. Ich habe nicht daran gedacht. Der Krümel reicht doch nicht! Ich brauche Hefe für ein Pfund Mehl!

Ich entsteine die Pflaumen. Wir haben sie am Wochenende auf der Landstraße nach Reichenow gepflückt. Das Dorf war uns unbekannt, obwohl Joachim nur unweit von ihm aufgewachsen ist. Wir haben den Ort in einem Buch entdeckt, dann erst im Leben. Das protzige neogotische Schloss ist auf märkischem Sand gebaut. Auf der Freitreppe, die kaum noch Stufen hat, stand ein blauer Trabi. Wir gingen in die verkommene Vorhalle. Ein prachtvolles Treppengeländer führte uns nach oben, wo noch zwei Familien wie in der Umsiedlerzeit wohnen.

Der Gartensaal, dessen einstige Schönheit ich mir vorstellen wollte, war verschlossen. Der Blick durch die Fenster war verstellt. Wir begaben uns auf den Weg des Einspinnens, den wir oft ganz ernsthaft beschreiten, um uns zu erhalten: Wir werden uns erkundigen, was mit dem Schloss geschehen soll. Es ist ein idealer Ort für eine Privatschule. Wir brauchen nur Investoren!

Der Pflaumenberg liegt vor mir. Joachim bringt geduldig zum zweiten Mal Hefe. Ich schlage auf den Teig ein und fürchte mich vor dem nächsten Gespräch. Es würde wie immer mit meiner Feststellung enden: Wir müssen damit leben. Früher gab es auch viel Unrecht, aber es hat uns nicht betroffen und wir haben es nicht zur Kenntnis genommen! So einfach ist das. Die Wohnungsklingel zerschellt meine Beklemmung. Vor der Tür steht ein junger Mann mit einem gewaltigen Koffer. Er stellt sich als Vertreter einer Elektrofirma vor. Ich habe Geburtstag, ich bin in Eile und in meinen Gedanken gefangen und will die Tür abweisend schließen. Der Mann bittet um zehn Minuten Gehör.

Joachim steht hinter mir. Ich weiß, er sieht sich selbst vor der Tür stehen. Der Mann kommt ins Wohnzimmer und breitet einen Staubsauger mit allen Extras aus. Ich merke, das dauert länger als zehn Minuten! Er spricht und führt vor. Ich bin sprachlos über den Staub, den er aus meinem sauberen Teppich zieht. Tatsächlich habe ich Sorge um den Flor, der abgesaugt wird. Anfangs will ich seinen Redefluss unterbrechen. Ich sehe auf Joachim, der ihn aufmerksam beobachtet, und bleibe still.

Sein kurzer Haarschnitt ist verräterisch. Was hat er wohl früher gemacht? Er setzt sich jetzt für diese Firma ein, als sei er Teilhaber. Auf seinem lebendigen Jungengesicht stehen Schweißperlen. Ich hätte ihn auffordern müssen, seine Lederjacke abzulegen.

Ich lasse ihn reden und hoffe nur, dass er nicht enttäuscht ist, weil wir nichts kaufen. Aber das habe ich ihm ja gleich gesagt. Ich möchte ihn gern fragen, was er gemacht hat, vorher, als sein Haarschnitt noch Pflicht war. Seine Geschäftigkeit hält mich zurück. Es ist auch Angst vor seiner Angst, die meine Frage auslösen könnte.

Nach vierzig Minuten packt er alle Einzelteile in den Koffer zurück. Obenauf liegt eine Namensliste. Hinter unseren Namen hat er schon einen Haken gemacht. Er verabschiedet sich höflich. Joachim geht wortlos in das Arbeitszimmer.

Mir tut die Brust weh; wie so oft werde ich kraftlos und todmüde. Ich schiebe das Kuchenblech in den Ofen, setze mich auf den blauen Hocker und hoffe, dass Joachim jetzt nicht kommt.

Diese Angst, immer diese Angst. Mich würgt Übelkeit. Der junge Mann sah sympathisch aus. Er trägt gewiss keine messbare Schuld. Ich zwinge meine Gedanken aus dem Bannkreis hinaus und konzentriere mich auf einen roten Punkt. Auf der Gardine sitzt ein Mariechenkäfer. Wenn er nach oben klettert, wird alles gut. Zwei Minuten sehe ich ihn gespannt in seiner Regungslosigkeit an. Ich warte auf das Zeichen. Zeichen sind mir wichtig geworden; böse verdränge ich, gute geben mir Hoffnung. Ich nehme sie als Versprechen auf Rettung und bestehe darauf, dass das Versprechen wahr wird! Der Käfer bewegt sich immer noch nicht.

Wie lange sitze ich schon in der Küche? Das Käferchen ist nicht mehr da. Schade. Ich höre Joachim kommen, stehe auf und ziehe das Kuchenblech aus dem Ofen.

Der Kuchen sieht großartig aus. Ich schneide zwei Stücke heraus, und wir essen den heißen Kuchen aus der Hand. Joachim sieht mir forschend ins Gesicht. Heute reden wir nicht mehr darüber, liest er darin.

Das erste Lächeln seit Tagen. Meine liebe Alte, ertrage mich noch ein Weilchen. Vielleicht schaffen wir es doch noch. Der 20. September ist halb vorbei. Er ist mir nicht verloren gegangen, obwohl ich ihn im Kalender nicht finden konnte.

Tonis Lebenshilfe:

„Weißt du, Oma, ich würde die Mauer wieder aufbauen, aber mit einem großen Tor."

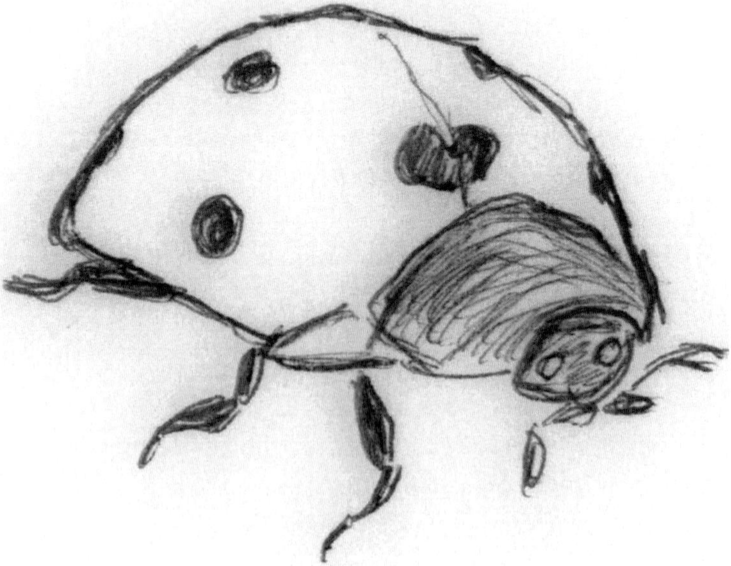

Fünfundsiebzig Jahre nach dem Oktober (1992) mit Postscriptum (2009)

Die weiße Schrift ist auf der grünen Tafel kaum lesbar. Es sind vier Worte, die die Studentin in der Pause angeschrieben hat. Keiner beachtet sie. Ich sitze in der letzten Reihe und entziffere mühsam – Die Sicherung der Revolution.
Fünfundvierzig Minuten für dieses Thema. Es steht in keinem Lehrplan mehr. Der alte ist außer Kraft gesetzt und es gibt noch keinen neuen. Der neue wird der alte aus Westberlin sein. Also, ein selbst gewähltes Thema, registriere ich.
Ich lehne mich entspannt nach hinten. Frau Klang ist souverän. Sie absolviert hier in der Max-Kreuziger-Oberschule am Ostkreuz das Schulpraktikum. Ihre Mentorin fand bisher nur lobende Worte über sie. Auch die Schüler hätten sie als Lehrerin schon akzeptiert. Sie seien zutraulich und aufmerksam, selbst die derb geschminkten Mädchen.
Ich nehme heute die Probestunde vor dem Staatsexamen ab. Vor mir sitzt ein Punk mit grünem Irokesen-Haarschnitt und schaut erwartungsvoll zum Lehrertisch.
Frau Klang zieht an ihrem selbst gestrickten Pullover herum, der ihre mütterliche Gestalt umgibt.
In der Pause hat sie mir erzählt, dass der dritte ihrer vier Söhne erkrankt ist. Sie hat schlecht geschlafen. In der Nacht ging ihr die Konzeption der Unterrichtsstunde immer wieder durch den Kopf.
Ich schaue gern in ihr junges Gesicht. Ihre dunkle Schönheit wirkt beschädigt, wenn sie beim Lachen ihre Zahnlücke entblößt, die ihr die vierte Schwangerschaft geschlagen hat. Aber heute lacht sie nicht.
Sie fängt leise an, Fakten abzufragen. Die vier Worte an der Tafel ignoriert sie völlig. Ich nehme die kargen Antworten auf – Lenin, Oktober 1917, Petrograd.
Sie geht von Schüler zu Schüler und legt ein Blatt mit sechs Textquellen vor jeden. Ich entdecke sofort einen Schreibfeh-

ler. Flüchtigkeit, nichts weiter – „Deket über die Arbeiterkontrolle". Keiner sagt etwas dazu. Ich bin sicher, dass die Schüler den fehlenden Buchstaben bemerkt haben.

Einige lesen das Dekret über den Frieden, andere über den Grund und Boden, eine dritte Gruppe das Dekret über die Arbeiterkontrolle. Es kommt kein Gespräch auf. Frau Klang geht eilig und oberflächlich über die Fakten hinweg. Die Schüler warten auf Fragen. Warum stellt sie nichts zur Diskussion? Sie erwähnt auch Trotzki nicht, der das Friedensdiktat Deutschlands abgelehnt hat. Ich bin verwundert. Die Ruhe im Raum wird zur Langeweile. Nur noch einmal straffen sich die Rücken vor mir, als Frau Klang von den Missernten und Hungersnöten erzählt. Wieder sind die Schüler bereit, Neues aufzunehmen. Aber sie hört abrupt auf, verbirgt sich hinter dem großen Lehrertisch und lässt weitere Quellen lesen.

Diesmal geht es um die Arbeit der Tscheka. Ich warte auf die Auswertung; wieder vergeblich. Die Schüler nehmen Anlauf, Frau Klang bremst ab. Sie lässt keine Diskussion aufkommen. Ich bin völlig überrascht und schaue Rat suchend zur Mentorin. Sie zuckt entschuldigend mit den Schultern.

Als es klingelt, erheben sich die Schüler und sehen mich fragend an. „Es war heute noch keine Prüfung", antworte ich ihnen. Im Lehrerzimmer lässt sich Frau Klang schwer auf einen Stuhl fallen. Ich will keine übliche Auswertung vornehmen und sage nur, dass sie doch ausdrücklich dieses Thema behandeln wollte. Es sei alles oberflächlich geblieben! Sie habe fünfundvierzig Minuten verschenkt!

Frau Klang fährt sich mit der Hand durch die langen schwarzen Haare. Meine Unzufriedenheit nimmt sie ganz ruhig auf und meint, dass ich Recht hätte; ja, ja, so sei ihr Unterricht gewesen. Sie wüsste aber nicht mehr, wie sie die Oktoberrevolution werten soll. Sie wüsste eigentlich gar nicht mehr, ob sie Geschichte unterrichten kann. Was stimmt denn noch von dem, was sie gelernt hat?! War die Tscheka nötig oder nicht? War revolutionärer Terror zu vermeiden? War dieser Terror einfach Terror oder war er revolutionär? Ihr Geschichtsbild bricht an allen Ecken zusammen. Sie habe Angst vor Wertungen. Ihre Ruhe ist lauter Aufgeregtheit gewichen. Dafür legt sich auf mich die neue fremde Müdigkeit. „Mir geht es doch nicht anders. Stellen Sie weiterhin für sich alles infrage. Aber machen Sie es immer und immer wieder, auch später! Das ist die Chance der Niederlage. Aber lassen Sie Ihre Schüler dabei nicht allein!"

Postscriptum 2009
Gründonnerstag. In allen Nachbargärten werden die Gartenmöbel aus Kellern und Schuppen ins Freie getragen. Überall Gäste und Gespräche. Drei Meter von meiner Lesebank entfernt, hinter der immergrünen Hecke, unterhält sich mein junger Nachbar mit einem Freund. Mein liebenswürdiger Nachbar ist Familienvater, Major, Pilot eines Phantomjägers. Er hat Afghanistanerfahrung. Die Mohnfelder dort würde er mit Napalm vernichten, hatte er mir gesagt. Sein Freund, offensichtlich auch ein Berufsoffizier, fragt ihn, ob er schon in der Ausstellung über den Widerstand im Bendlerblock war. Er zeigt sich tief beeindruckt. Ich höre: „Ich dachte, Widerstand gegen Hitler gab es nur im Militär. Ich war völlig überrascht, da waren ja auch Politiker und sogar Kommunisten dabei!"

Frau Klang kam nicht mehr zum Unterricht und brach das Studium ab.

Tonis Lebenshilfe:
Toni hält in der großen Stadt meine Hand fest. Wir laufen zur Uni. Als er „Unter den Linden" die beiden Humboldts auf den Sockeln sitzen sieht, ruft er ihnen energisch zu: „Runter da!"

Unterwegs (1992)

Ich fahre durch Deutschland. Ich erfahre seine Größe: Elf Stunden bin ich unterwegs von Ost nach West. Um fünf Uhr morgens bringt mich Joachim an den Zug. Wir sind nur für vier Tage getrennt. Aber es kann viel geschehen in dieser Zeit und keiner kann dem anderen helfen.
Wir erwarten Joachims Kündigung und haben Angst vor dem Tag, an dem sie im Briefkasten liegt.
Ich werde zum ersten Mal vor Referendaren im Westen über DDR-Geschichte sprechen und weiß nicht, ob der Rechtfertigungsdrang übermächtig wird.
Am Hauptbahnhof sitze ich noch allein im Zugabteil. So sollte es bleiben. Aber am Bahnhof Zoo steigt ein Ehepaar mit einem Kind ein. Sie breiten sich aus und sind von einer nervenden Zufriedenheit. Ich registriere missmutig: bestimmt Westberliner. Wir reden kein Wort miteinander. Die Frau liest Uwe Johnson, stelle ich etwas versöhnt fest, das Mädchen malt in einem Micky Mouse-Buch. Der Mann blockiert eine dreisitzige Bank und schläft.
Der Zug fährt durch Potsdam. Ich sehe für einen Augenblick den „Bogen", erahne Stolpes Haus und denke an Mutti, die hier in der Nähe des Sees hoffentlich noch ruhig schläft. Reif liegt auf den Sträuchern, die dunklen Felder werden vom Nebel zugedeckt.
Als es draußen hell wird, sehe ich, der Mann ist viel jünger als die Frau. Sie gehen behutsam und lieb miteinander um. Auf der Strecke Halle – Jena zeigt der Mann der Frau und dem Mädchen die Ortschaften, wo er früher gelebt hat. Offensichtlich war Jena einmal sein Studienort.
Mann und Frau erzählen sich gegenseitig viel von „früher", so dass sie wohl doch kein Ehepaar sind. Das Mädchen redet ihn mit Papi oder Bernd an.

Bitterfeld sieht durch das Zugfenster wie immer gespenstisch aus. Als Joachim mit mir vor zwei Jahren nach Rom fuhr, wehte über den Leuna-Werken noch die rote Fahne. In Wolfen kriecht auch jetzt die stinkende Luft in das Abteil. Alles ist verrottet; schrecklich die zerfetzten Isolierungen an den unendlichen Rohrleitungen!

Endlich fährt der Zug durch das Saaletal. Ich gehe auf den Gang und schaue hinaus.

Die Spitze des Naumburger Domes hebt sich dunkel vom Grau des Himmels ab. Am Saalestrand Rothenburg liegen winzige Gärten. Sie sind sorgsam gepflegt.

Ich erkenne in den riesigen Brachen die einstigen Genossenschaftsfelder. Inmitten ihrer Weite werden einzelne kleine Flächen umgebrochen. Erinnerungsbilder aus der Kinderzeit in Bayern und das Bild vor dem Zugfenster liegen passgerecht übereinander. Ein Bauer läuft hinter einem Pflug her, der von einem Pferd gezogen wird. Wo lag der Pflug all die Jahre ungebraucht? Auf einem anderen Stückchen Land steht ein Trabi. Über den Acker geht ein Mann und streut mit ungeübten Bewegungen Saatgut auf sein Feld. Im linken Arm trägt er einen grünen Plasteeimer.

Die Saale begleitet mich lange. Ich kenne die Burgen und würde sie gern wieder besuchen. An vielen Stellen des Flussufers sind die Kopfweiden enthauptet. Obwohl sie in ihrem Gleichmaß wie Sträflinge aussehen, freue ich mich: Sie werden nun nicht mehr auseinander brechen. Im nächsten Frühjahr sehen sie wieder gesund und schön aus.

Ich gehe zurück auf meinen Platz. Das Mädchen quengelt. Es will in die Mitropa gehen. Die Mutter bleibt zurück, vielleicht aus dem gleichen Grund wie ich. Ein Kännchen Kaffee kostet fünf Deutsche Mark! Unglaublich! Joachim hat mir zwei abgeschälte Apfelsinen eingepackt, eine Serviette dazu. Zum Mittag habe ich zwei delikate Brötchen, auf die ich mich jetzt schon freue.

Der Zug hält noch immer lange in Probstzella, obwohl es keine Grenze mehr gibt. Das Personal der Deutschen Reichsbahn

verlässt den Zug, das Personal der Deutschen Bundesbahn tritt ein. Es mutet gar nicht seltsam an, denn so manches ist von den Grenzanlagen noch zu sehen. Der schöne Tannenwald auf den Bergen kann den Eindruck nicht mildern.
Ich kann mich im Inneren nicht gegen den Gedanken stellen: Jetzt bist du allein im fremden Land.
Der Blick aus dem Fenster bestätigt zum wiederholten Male Joachims Feststellung nach seiner ersten Reise gen Westen – alles sieht schöner aus. Die Häuser sind großzügig gebaut, die Dächer in Ordnung, die Betriebsgelände aufgeräumt, der Rasen ist grüner. Der Unterschied ist beklemmend und nährt das Minderwertigkeitsgefühl – wir sind arm dran, wir haben das alles nicht geschafft.
In Kronach kontrollieren Beamte der Deutschen Bundesbahn die Fahrkarten. Mit einer Zugdurchsage wurden sie schon angekündigt. Beamte gibt es bei uns nicht. Sie sind bisher für mich unnötige Relikte aus preußischen Zeiten.
Der Mann erteilt mir akkurat Auskunft, von welchem Bahnsteig in Nürnberg der andere Zug weiterfährt.
Kloster Banz ist für einen Augenblick zu sehen. Sofort habe ich die bedrückende Assoziation – der Kanzler, massiv und beherrschend! Aber nach Kloster Banz kommt gleich Bamberg als Versöhnung. Ich schicke freundliche Grüße dorthin. Zweimal waren wir schon in dem Verlag. Von dort kam für Joachim das einzige Arbeitsangebot; das einzige in zwei Jahren Suchen und Unsicherheit.
Er wird es annehmen. Er ist schon dabei, sich einzuarbeiten. Er trifft in den Schulen oft Lehrer, die wir beide mit ausgebildet haben.
Ich erahne, wie schwer die Bücherkoffer sind, wie die rechte Hüfte schmerzt, wie lange er im Vorzimmer der Direktoren warten muss, wie gering das Interesse der Lehrer ist, wie er im Auto seine Frühstückspause verbringt, wie er sich gedemütigt fühlt.

Auf die Minute hält der Zug in Nürnberg. Ich habe eine Stunde Aufenthalt. Meine beiden Gepäckstücke hindern mich daran, in die Stadt zu laufen. Außerdem regnet es. Ich lege die Taschen auf einen Gepäckwagen und schiebe ihn durch die Gänge des Bahnhofs.

Es ist wie überall auf großen Bahnhöfen: Imbiss, bunte Getränkebüchsen, Menschen auf der Durchfahrt, Menschen auf der Endstation. Vor dem Service-Büro sitzt eine alte Frau. Sie hat den Kopf fast auf die Knie gesenkt und rührt sich nicht. Rechts und links von ihr stehen zwei schwarze offene Taschen wie ihre einzigen Gefährten. Dreimal gehe ich an ihr vorbei. Sie bewegt sich nicht in dieser unbequemen Haltung. Keiner beachtet sie.

Viele fremdländisch aussehende Männer stehen in kleinen Gruppen zusammen. Der Bahnhof ist Tagesasyl.

Ich überlege, ob ich mir eine Tasse Kaffee gönne, denn ein leiser Schmerz schleicht sich in meinen Kopf. Eilig trinke ich in den letzten Minuten des Aufenthaltes den dünnen Kaffee.

Der Interregio nach Stuttgart ist schon eingefahren. Mein reservierter Platz am Fenster ist besetzt. Ich suche mir einen anderen, der noch frei ist.

Die Landschaft liegt im Regen. Meine Stimmung ist wie das Wetter. Ich möchte nach Hause in meine gewohnte Umgebung. Mir ist völlig unklar, was mich in den nächsten Tagen erwartet.

Tonis Lebenshilfe:

In der neuen Stadt geht Toni auf den Spielplatz. Am Abend stellt er fest: „Ich habe keinen kennen gelernt."
Am nächsten Tag nimmt er drei Bonbons mit hinunter. „Ich will drei Kinder kennen lernen!"

Verunsicherung (1992)

Schon bei den ersten Überlegungen merke ich, dass ich den Tag nicht gut verbringen werde. Das weiße Papier soll meine Pläne für die nächsten zwei Semester aufnehmen. Es wird ein Verzeichnis aller Lehrveranstaltungen gedruckt; erstmalig an der Universität, erstmalig für unsere Sektion Geschichte. Ich muss meine Seminare und Übungen benennen und kommentieren. Es gelingt mir einfach nicht! Mir scheint jemand hämisch über die Schulter zu schauen und alles falsch zu finden, was ich schreibe. Über eine Stunde brauche ich für diese Lappalie. Joachim liest das Resultat und stellt bitter fest, dass er nie wieder ein Lehrangebot einreichen wird. Aber weiß ich denn genau, ob ich meine Lehrveranstaltungen überhaupt durchführen kann? Wie an so vielen Tagen glaube ich heute wieder, dass alles vor einem Aus steht.
Ich bezwinge mich, esse ein kräftiges zweites Frühstück, das zugleich Mittagessen sein wird, und fahre in die Uni.

Wieder ein Semesteranfang. Noch erkenne ich, aus welcher Himmelsrichtung die Studenten kommen. Es mischt sich jetzt so langsam.
Auf dem nördlichen Hof sind alle Bänke von Studenten besetzt. Früher ging ich gern an ihnen vorbei, diesen und jenen Bekannten, Freund, Kollegen, Studenten grüßend. Heute gehe ich den Fahrweg hinter den Kastanien und Bänken entlang und verfluche meine neue Unsicherheit.
Im Foyer steht eine Jazzband vor der Wand, auf der noch immer die Marx-Worte über die Veränderbarkeit der Welt zu lesen sind. Ich bin überrascht. Die Jazzband kündet von einer Veränderung, die vor zwei Jahren noch unmöglich war: Die Musiker werben für ein amerikanisch-russisches Treffen in Torgau an der Elbe, wo 1945 Soldaten beider Armeen friedlich aufeinander trafen. Das gab es nicht in den letzten 45 Jahren! Die Musik fasziniert mich, der Rhythmus ist großartig, die Idee fabelhaft! Ich möch-

te gerne zuhören, aber andererseits will ich keine weitere innere Berührung zulassen und eile die Treppe hinauf, vorbei an der Marmorwand mit den goldenen Buchstaben.
Ich bleibe nur kurz in unserem Dienstzimmer. Wie immer gieße ich die Pflanzen auf dem Fensterbrett. Der Blick nach draußen ist reizlos.
Früher schaute ich auf die Linden und das Denkmal von Friedrich II. Ich denke immer – früher. Es ist doch alles erst zwei Jahre her; weniger als zwei Jahre.
Ich gehe in die Poststelle und komme an meinem alten Zimmer vorbei. Wir waren fünf; hier, früher.
Die Tür steht offen. Die Handwerker sind noch nicht fertig geworden. Aber ich erkenne schon, so schön war mein Zimmer in den fünfundzwanzig Jahren nie!

Wir haben es einmal selbst gemalt. Die Farbrolle reichte nicht bis zur Decke, die sechs Meter über uns hing. Peter hatte einen Garten und somit auch eine Baumspritze. Er brachte sie am nächsten Tag mit und versuchte, die Farbe an die Decke zu spritzen. Wir standen erwartungsvoll darunter und sahen in wenigen Augenblicken alle ockergelb aus.
Wir amüsierten uns, aßen und tranken über die Maßen bei diesem Subbotnik, der regelwidrig an einem Freitag stattfand, und beorderten schließlich den Längsten von uns auf den Tisch, drückten ihm den langen Stiel mit der Farbrolle in die Hand und begleiteten seine Arbeit mit vielen guten Ratschlägen.
Die Wände wurden streifig, die Decke trafen nur wenige Farbspritzer, der nächste große Regen schickte Rinnsale durch das alte Dach die Wände hinunter.
Das Zimmer war ein Stück meines Lebens.

Als ich hörte, dass die ganze Zimmerflucht zu den Linden in wenigen Tagen den neuen Professoren aus den alten Ländern zugesprochen werden sollte, haben wir ohne große Überlegung vieles weggeworfen, was sich in Bücherschränken und Schreibtischen Jahr für Jahr angesammelt hatte.

Keiner hatte mit uns darüber gesprochen. Es wurde gar nicht wahrgenommen, dass es unser Arbeitszimmer war. Uns gab es nicht. Wozu also etwas aufheben? Ich will vieles nicht mehr sehen! Ich kann es doch nicht bewahren. Ich muss vom alten Leben loskommen!

In der Poststelle liegt nur eine Zeitung. Gut so! Heute also keine weitere Aufregung.

Auf das Seminar bin ich nicht sorgfältig vorbereitet. Es stört mich nicht. Eine gute Vorbereitung könnte mir bei meiner Stimmungslage auch nicht helfen, Sicherheit zu finden. Es kommen junge Leute in den Seminarraum, die mich erschrecken. Ein Junge trägt sein schönes dunkles Haar zu einem Pferdeschwanz zusammengefasst, zwei dünne Zöpfchen hängen beidseitig an seinem bärtigen Gesicht herunter. Schals und Tücher sind wild drapiert. Ich werde durch grellbunte Brillenrahmen angeschaut. Es ist ein fremdes Völkchen. Ich bin klein, uralt und aus einer untergegangenen Welt. Nur gut, dass ich einen festen Anfang für das Seminar habe, um meine Befangenheit zu verbergen. Ich lese aus Friedrich Schillers Antrittsrede in Jena vor „Was heißt und zu welchem Ende studiert man Universalgeschichte?".
Keiner kennt die Rede. Der kleine Vorsprung hilft mir, auf das Thema zu kommen, das die Seminarreihe eröffnet: Der Wert der Geschichte für die Persönlichkeitsentwicklung.

Im Gespräch mit den Studenten erforsche ich ihre Gesichter. Ich werde ruhiger. Es ist das jahrzehntelang Vertraute, was ich entdecke: Gesichter, die erst vor kurzem das Kindliche abgelegt haben. Sie sind schon wissend, sind intelligent, noch unverstellt, noch nicht zur Maske erstarrt.
Es fehlen noch die antrainierte Selbstsicherheit, Freundlichkeit und Arroganz. Am Ende des Studiums wird es bei vielen anders sein. Sie müssen sich für das Leben rüsten. Wie sie jetzt sind, gefallen sie mir auf einmal; Frisuren und Kleidung amüsieren mich. Eigentlich finde ich es sogar schön, sich auch äußerlich individuell zeigen zu wollen. Ich habe mich nie darum bemüht.

Auf der Fahrt nach Hause frage ich mich, warum ich die Unzufriedenheit und Unruhe nicht abstellen kann. Aber ein bisschen depressiv werde ich wohl mal sein dürfen!
Zu Hause finde ich einen Brief von der Institutsleitung vor. Eigenartig, dass das Schreiben nicht in der Dienstpost war!
Ich erfrische mich und ziehe mich langsam um, packe die Aktentasche aus, sortiere die Seminarvorbereitung in den Ordner ein und lese dann den Brief: „...entsprechend den Beschlüssen der Landesregierung und der Personalkommission der Humboldt-Universität sind alle Mitarbeiter auf eine mögliche Tätigkeit als Mitarbeiter des Staatssicherheitsdienstes, d.h. als hauptamtlicher Mitarbeiter oder als inoffizieller Mitarbeiter, zu überprüfen. Die Überprüfung steht im Einklang mit der Erneuerung der Universität und ist sicherlich auch in Ihrem Interesse...
...ist es notwendig, dass Sie den beiliegenden Fragebogen maschinenschriftlich oder in Blockschrift ausfüllen...
Mit freundlichen Grüßen..."
Um mich abzulenken, stelle ich den Fernseher an: Armin Müller-Stahl im Gespräch. Er trifft meine Seele, als er sich darüber empört, Rechenschaft über sein in der DDR verbrachtes Leben abgeben zu sollen; in welchen Filmen er gespielt hat, welche Auszeichnungen er angenommen hat.
Aber er ist berühmt und schon lange nicht mehr hier.
Noch einmal überlege ich konzentriert, was war. War überhaupt was? Mit Sicherheit kann ich das NEIN ankreuzen. Warum bin ich bei dieser Sicherheit unsicher? Es gibt keinen Grund dafür. Ich will damit nichts zu tun haben!
Ich lege den Fragebogen auf den Stapel unerledigter Schreibarbeiten und warte, dass der Tag vergeht.

Tonis Lebenshilfe:
Der Kindergarten ist so fremd. „Ich will jetzt Fieber kriegen und ein paar Tage zu Hause bleiben, bis der Kindergarten nicht mehr so neu ist."

Keine Hoffnung (1993)

Nur langsam formen sich die Gedanken in meinem Kopf. Ich vermeide, in die vertrauten Gesichter der Studenten vor mir zu sehen. Aber Falk schaut mich unverwandt und demonstrativ gelangweilt an.
Egal. Ich habe meine Situation nicht zu erklären. Mir ist auch klar, was er von der jetzigen Sitzung erwartet: Schnelle Nachhilfe, weil er mehr jobbt als studiert.
Ich repetiere. Nur das ist mein Angebot zur Prüfungsvorbereitung. Mehr nicht! Was schaut er mich so müde an! Soll er doch ganz beim Otto-Versand einsteigen und nicht noch womöglich einem Besseren die Lehrerstelle wegnehmen!
Er will ja gar nicht Lehrer werden, hat er mir nach einer miserabel vorbereiteten Unterrichtsstunde gesagt. Aber ich will wieder in die Schule.
Nein, eigentlich nicht. Aber es wäre die Lösung des Problems. Wenn ich Lehrer nicht mehr ausbilden darf, dann will ich selber Lehrerin sein.
Daraus wird nichts, geht mir durch den Kopf. Schweif nicht ab!
Nächster Prüfungskomplex: Pluralismus und Multiperspektivität im Geschichtsunterricht. Ich lege die Folie auf.
Falk greift seine Sachen, schiebt sie langsam zusammen und steht auf. Ich verabschiede ihn lächelnd.

Um dreizehn Uhr muss mein Kopf wieder funktionieren. Ich muss topfit sein. Jetzt weiß ich noch nicht, wie ich das Gespräch führen soll. Ich muss es gedanklich vorbereiten.
Die anderthalb Seminarstunden gehen um; zäh, aber endlich.
Als ich unseren Bereichsraum aufschließe, um mich dort auf das zu besinnen, was mir am Tag noch bevorsteht, sehe ich die Situation plötzlich ganz klar:
Diese Büroklammer liegt seit mindestens drei Wochen dort auf dem Fußboden. Der Papierkorb ist bis zum Rand mit Schnipseln gefüllt. Mechanisch nehme ich den Stapel gedruck-

ter Universitätsinformationen, zerreiße sie, werfe sie zu dem Übrigen. Jetzt verstehe ich, warum unser Türschloss nicht erneuert wurde, wie sonst in allen Zimmern des Instituts, warum unsere Materialbestellung ignoriert wurde. Seltsam, jetzt erst sehe ich den dicken Staub auf den Regalen. Die liebe alte Frau Schendel kommt nicht mehr mit ihrem fliegenden Wischlappen. Vorsätzlich, vorsätzlich, alles geschieht kalt und berechnend, aber lächelnd und unaufhaltsam! Ich merke es immer noch zu spät.

Daniel öffnet die Tür. Er will sich für das Praktikum im Februar eintragen. Ich gebe ihm den Schein, wuchte zuvor den Stempel auf das Papier und vermerke nebenbei, dass eine Betreuung durch mich unsicher sei.

Er fragt nach und ich erzähle ihm mit empörter Stimme, dass der Bereich für ein Semester geschlossen werden soll. Dann kann uns drei Übriggebliebenen die Kündigung wegen mangelnden Bedarfs ausgesprochen werden. Wenn der Bereich neu strukturiert wird, müssen Neue eingestellt werden. Woher sie kommen, ist klar.

Daniel sitzt mir am Schreibtisch gegenüber. Er berät mich wie ein Freund.

Als wir uns verabschieden, umarmt er mich und sagt, dass er gern bei mir studiert hat.

Was mich beglückt, macht mich zugleich unglücklich. Noch weine ich nicht.

Ich gehe in den Vorraum der Toilette und schaue in den Spiegel. Die gefürchtete hektische Röte hat sich noch nicht eingestellt. Ich muss gut aussehen und ganz sicher auftreten. Mein Spiegelbild übt mit mir: Sei entschlossen, konsequent, beharrlich, fordernd; nicht bittend, nicht weinerlich, nicht verzweifelt!

Die Frisur ist nicht schick, eigentlich ist es gar keine!
Ob sie mich als Ältere respektiert?

Jetzt nehme ich keine Plantival mehr, auch wenn das Herz rast. Der Kopf muss klar sein. Ich muss formulieren können. Meine Reaktionen sollen imponieren, überzeugen. Nun weiß ich, wie ich vorgehen werde.

Fünf Minuten vor dem Termin stehe ich im Vorzimmer. Elke, die Gute, Vertraute, sieht mich unsicher an. Ist ja klar, sie kann mir nicht helfen. Ein Wunder, dass ihr der Arbeitsplatz geblieben ist. Ihr vierter Rektor ist eine Frau. Die neue Benennung heißt „Präsidentin".
Sie kommt vom Flur herein.
„Sie sind von der Geschichte? Einen Moment, ich suche Ihre Unterlagen heraus."
Vier Minuten vergehen in Ruhe und innerer Sammlung.
Sie bittet mich in ihr Arbeitszimmer. Die Referentin nimmt auf einem Stuhl Platz, die Präsidentin sitzt mit dem Rücken zum Fenster. Auf mein Gesicht fällt die heiße Mittagssonne.
„Sie haben die Kündigung erhalten?"
„Nein, aber ich habe zufällig erfahren, dass sie mir bevorsteht."
„Waren Sie überrascht davon?"
„Ja, ich hatte Veranlassung zu hoffen, an der Universität bleiben zu können."
„Wodurch?"
„Ich bin zweimal positiv evaluiert worden. Bei dem Gespräch in der Kommission wurde ich gefragt, ob ich bereit sei, noch eine Forschungsarbeit zu schreiben. Ich habe selbstverständlich zugesagt."
„Haben Sie von der Kommission etwas Schriftliches?"
„Ja, hier, dieses Schreiben. Mir wurde eine Stelle in Aussicht gestellt."
„Und das nehmen Sie als Sicherheit? Ich muss mich immer wieder wundern, dass hier so ein Papier Sicherheit hervorruft. Das Schreiben ist zwei Jahre alt! Warum haben Sie nicht nachgefragt, was aus Ihnen wird?"
„Dazu hatte ich keine Veranlassung. Inzwischen wurde das Personalübernahmegesetz in Kraft gesetzt. Das bisherige Per-

sonal konnte sich bewerben. Ich habe mich sowohl um meine unbefristete, hilfsweise aber auch um eine befristete Stelle beworben. Die Entscheidung steht noch aus. Darauf habe ich gewartet, aber mit Hoffnung!"
„Die Entscheidung trifft die Berufungs- und Strukturkommission. Ich mische mich da nicht ein. Das ist nicht meine Aufgabe. Ich kenne die zukünftige Struktur des Bereiches nicht."
„Mir ist bekannt, dass ein C3-Professor berufen wird und der einen Mitarbeiter benötigt. An anderen Universitäten gibt es Akademische Räte. Ich würde natürlich auch als Assistentin arbeiten."
„Wer gehört außer Ihnen zum Bereich? Frau Schulz, schreiben Sie mal die Namen auf! Haben Sie sich noch irgendwo beworben? Nein? Unverständlich! Würden Sie denn auch wieder in der Schule arbeiten?"
„Würde ich, aber es sind keine Einstellungen möglich. Ich habe mich schon erkundigt."
„Also, ich kann da nichts machen. Ich werde die Unterlagen prüfen und meinem Vizepräsidenten weiterreichen, der für Ihr Institut zuständig ist."

Zwischendurch sieht sie mich aufmerksam an, aber nur dann, wenn ich meine Stimme fest im Griff habe. Mit Wut bemerke ich, dass sich das innere Zittern nicht unterdrücken lässt. Ich habe noch so viel zu sagen. Nur kurz werfe ich ein, eine Kündigung wegen Nichtbedarfs sei nicht stichhaltig. Seit mehr als sechs Semestern arbeite ich nach bundesdeutschem Recht und bewältige die Arbeit für zwei schon gekündigte Kollegen mit. Sie steht auf.

Als ich aus der Hitze der Mittagssonne gehe, sagt sie mir noch hinterher: „Ihr Mann hat Arbeit, ja? Also, manche Gespräche schneiden mir ins Herz, aber ich kann für Sie nichts machen!"
„Danke für den Termin."
„Bitte, auf Wiedersehen."

Im Vorzimmer streichele ich Elke kurz über die Schulter. Sie wagt nicht, mich nach dem Gespräch zu fragen. Außerdem ruft die Präsidentin sie zu sich.

Tonis Lebenshilfe:
Im zukünftigen Garten soll Platz für Haus und Blumen sein. Zwei alte zerzauste Robinien müssen gefällt werden. Die Motorsäge kreischt. Toni nimmt meine Hand und zieht mich weg: „Oma, wie traurig, die schönen großen Bäume!"

HUMBOLDT UNIVERSITÄT · ZU BERLIN ·

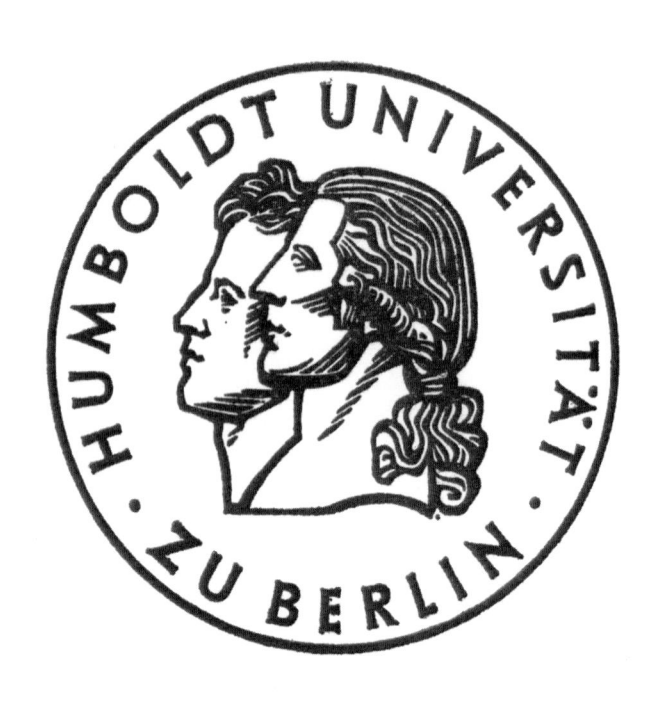

Aus meinem neuen Wortschatz (1994)

Die Sprache bringt es an den Tag – das Gesicht des Landes, das Signum der Zeit. Mein Lebtag lang übte ich mich in der Sprache des Ostens. Ein Raster hatte ihr glanzlose Einheitlichkeit aufgedrückt: Stereotype Wortwahl und fest gefügte Wortverbindungen waren einer lautlosen Übereinkunft folgend in der Sprache der Geisteswissenschaftler zuhauf vorrätig. Ich nahm diese Sprache der Zeit und des Landes an, um im Innenkreis zu sein und zu bleiben.

Seit über tausend Tagen gibt es ihn nicht mehr, und meine Ohren begannen bald bereitwillig, den eleganteren Gebrauch der deutschen Sprache aufzunehmen. Neue Wörter kamen hinzu. Manche belustigten mich zunächst.

„Abwickeln" hieß das erste bedeutsame neue Wort. War es eigentlich so neu oder gehörte es schon zur Lingua Tertii Imperii, wie Victor Klemperer die Sprache des Dritten Reiches genannt hat?

Ich hörte im September 1990 wissbegierig, wie die damalige Wissenschaftssenatorin des Landes Berlin im Marx-Engels-Auditorium, vielleicht hieß es auch schon einfach Audimax, den Vorgang des Abwickelns fachkundig den ungläubig zuhörenden Wissenschaftlern erklärte: Das Abwickeln sei ein fairer Weg zur notwendigen Erneuerung, denn jeder, der sich nicht schuldig gemacht habe, könnte ja wieder aufgewickelt werden. Die Senatorin kreiste die Finger umeinander und ich sah deutlich meine Chance, bald zu den Aufgewickelten zu gehören: ich, Frau, wissenschaftlicher Mittelbau, um die 50! Die schriftliche Gebrauchsanweisung für diesen harmlosen Vorgang aus dem Handarbeitsunterricht wurde mein Weihnachtsgeschenk 1990.

Zwei Tage vor dem Heiligen Abend hatte der Berliner Senat festgelegt, dass fünf belastete Bereiche der Humboldt-Universität, so auch die Sektion Geschichte, abgewickelt werden sollen. Vergebens versuchte ich zu ergründen, warum ich zu den Abgewickelten gehören würde, Mathematiker oder Germanisten mit Rang- und Ordenszeichen und steiler Karriereleiter aber nicht!

Die Entsolidarisierung begann: Ach, du bist in der „Warteschleife"?

Wer prägte dieses Wort? Es passte noch halb in das Nähkästchen, besser jedoch zur neuen Telekom-Segnung mit Mozarts Kleiner Nachtmusik und „Sie werden verbunden, bitte warten!", ließ aber auch auf einen Liebhaber der Modelleisenbahn schließen.

Ich hatte einige Zeit zu warten und zu hoffen, dass die Schleife mich an ein Anschlussgleis bringt, um nicht auf der Strecke zu bleiben.

Im Juni 1991 verkündete ein Gerichtsbeschluss, dass die Abwicklung von Teilen der Universität unzulässig sei. Ich empfand es wie alle als einen Sieg des Rechts über politische Dummheit. Inzwischen hatte die „Evaluierung" begonnen. Wer am Ende seines Lateins war, schaute in das „Kleine Fremdwörterbuch" der DDR und entdeckte zwischen Evakuierung und Evalvation keine Evaluierung. Aber das Wort machte die Runde, und damit kam auch die Kunde vom Vorgang selbst!

Jeder hatte sein curriculum vitae und die Publikationsliste einer Kommission vorzulegen, die mit jedem ein halbstündiges Gespräch führte und dann über den weiteren Lebenslauf bestimmte. Wehe dem, der damals schon Angst hatte und seinen Lebensgang und -ertrag nicht in überzeugende Worte fassen konnte! Später hörte ich die Präsidentin der Humboldt-Universität im Fernsehen über westdeutsche Professoren sagen: „Ein deutscher Professor lässt sich nicht evaluieren!" Also waren wir keine Deutschen in den Augen der anderen Deutschen? Mein Schicksalsgespräch verlief freundlich. Einen Fachmann meines Gebietes sah ich nicht in der Runde, zwei Gesichter waren mir bekannt; ansonsten Fremdheit. Fremde Menschen befanden mich nach diesem Gespräch als „positiv evaluiert". Freude! Triumph? Zufall? Mit Elan an die Arbeit! Oder hatte ich zuviel aus dem folgenden Brief heraus gelesen? Es gibt ja semantische Missverständnisse im deutsch-deutschen Sprachgebrauch:

"…zu unserer großen Freude können wir Ihnen mitteilen, dass die Struktur- und Berufungskommission für den Neuaufbau des Faches Geschichte an der Humboldt-Universität zu Berlin beschlossen hat, Sie dem Herrn Senator für Wissenschaft und Forschung für eine Assistentenstelle im Fach Geschichte zu empfehlen… Mit den besten Wünschen für Ihre weitere wissenschaftliche Tätigkeit…."
Die Abwicklung war zwar passé, aber die Empfehlung blieb und die einer sektionseigenen Kommission kam noch hinzu. So ließ ich mich von den „besten Wünschen" beflügeln, war eine eifrig Lernende, hielt die in Aussicht gestellte Assistenz schon für einen Gewinn. Hauptsache, der Rente ein Stück näher!
Inzwischen kam die „Durchmischung" auf uns zu. Dieser Vorgang schien aus der Kuchenschüssel zu kommen und machte zunächst nicht Bange. Die Durchmischung von Mitarbeitern aus Ost und West brachte ein Überangebot an Lehrveranstaltungen. Parallel zur Sektion Geschichte mit dem alten Personalbestand wurde ein Institut für Geschichtswissenschaften mit den neu berufenen Professoren und ihren Mitarbeitern gegründet. Der Institutsdirektor West sprach undeutlich vom Wandlungsprozess mit großen Härten. Der Sektionsdirektor Ost sprach deutlich: „Die Erneuerung wird an Entlassungen gemessen. Wer bleiben kann, ist ein Exot!"
Aber jetzt war klar: Die Durchmischung erfolgte nach dem Verhältnis von Salz und Zucker im Kuchenrezept. Heute zweifle ich an, ob überhaupt zwei Körnchen Salz dem Ganzen Geschmack geben können.
Von ehemals etwa siebzig Wissenschaftlern wurden zwei in ein unbefristetes Arbeitsverhältnis übernommen; diejenigen, die einst als „unsere Vertreter" in die Struktur- und Berufungskommission hineingeholt worden waren.
Drei oder vier Hochschullehrer konnten noch für einige Semester bleiben. Sonst keiner!
„Entlassung" war bald kein Fremdwort mehr. Es kam aus einer fremden Welt in mein Leben und brachte Bedrohung. Aber noch lähmte es mich nicht. Die öffentlich genannten Kriterien

für Entlassungen erschienen einleuchtend, ihre Handhabung blieb mir allerdings bis zum heutigen Tag ein Rätsel.

„Seilschaften", ein Wort aus der Bergsteigersprache, löste das DDR-Schlüsselwort Vitamin B – Beziehung – ab. So blieben mancher Prorektor, Direktor, Parteisekretär und ihre Freunde, und so gingen andere, entnervt und gedemütigt, da kein Vitamin B sie stärkte, keine Seilschaft sie sicherte und sie den Stempel „Systemtreue" nicht übertünchen konnten oder wollten.

Mein leichtfertiger Glaube auf ein Bleibe-Recht an der Universität oder an eine sozial verträgliche Lösung geriet ins Wanken. Das Abgeordnetenhaus von Berlin erließ im Juli 1992 ein Gesetz, nachdem sich alle Mitarbeiter neu für die Übernahme auf irgendeine Stelle an der Uni bewerben mussten. Bis zum 31. März 1994 musste die Maschine der „Personalübernahme" gelaufen sein.

So stellte auch ich meinen Antrag und bewarb mich um eine Stelle, egal, welche! Der oben zitierte Brief mit der Empfehlung und meine weitere emsige Arbeit ließen mir noch Hoffnung, übernommen zu werden. Aber große Ansprüche hatte ich im Zeitlauf meiner Wortschatzerweiterung nicht mehr.

Eine Anzahl von Kollegen sah zu Beginn des Semesters, dass ihr Lehrangebot im Lehrverzeichnis nicht ausgedruckt war. Ein Versäumnis? Das Wort „Lehrbefreiung" war des Rätsels Lösung. Nun hielt ich es mit Talleyrands Vermutung, dass die Sprache auch dazu da ist, die Gedanken zu verbergen. Muss ich schreiben, welches Synonym mir für Lehrbefreiung einfiel?

Für einen Lehrbefreiten gab es nach einem Semester keinen Bedarf mehr. „Nichtbedarf" hieß es nun! Ging es noch herzloser? Denn ich wusste, dass neue Kollegen kommen werden.

Zum Ende des sechsten Semesters neuer Zeit zählte ich zum Nichtbedarf; für mich ein Wort wie Altlast, Alteisen, Schrott! Die Kündigung wurde geschrieben. Ich hielt den gefürchteten und tatsächlich blauen Brief in der Hand.

Mein Widerspruch war eingeplant. Vor dem Arbeitsgericht hörte ich gleich zu Beginn der Verhandlung, es bestünde doch noch für drei weitere Jahre Bedarf an meiner Arbeit. Eigentlich hätte ich nun zufrieden sein müssen, denn nur wenigen wurde diese Frist eingeräumt. Aber die Demütigung saß tief. Keiner hatte einen Gedanken daran verschwendet, ob der innere Frieden der Betroffenen gestört war – so wie der in unserem Land! Ein Damoklesschwert übersah ich beinahe: Ich musste noch „gegauckt" werden.

Es reichte nicht aus, selbst zu wissen, nie mit dem MfS zusammen gearbeitet zu haben. Die Wahrheit liegt in der „Stasi-Akte"! „Unzumutbar", sagte der neu installierte Ehrensenat der Universität zu denjenigen, die eine Stasi-Akte hatten. Die „fristlose Kündigung" folgte umgehend, denn leider ginge es nicht anders, war zu hören. Es laufe ein „formalisierter Vorgang" ab, ein Selbstläufer, beim besten Willen nicht aufzuhalten! Na gut, ich kann zu meinem Leben stehen, dachte ich.

Übrigens, das letzte Wort, das ich nennen will, war eigentlich das erste in meiner Wortschatzerweiterung. Ich hörte es tatsächlich erst zur Zeit der „Wende", fand es in keinem Wörterbuch der DDR und habe es seitdem in jedem Semester zu Beginn der Lehrveranstaltungen Methodik des Geschichtsunterrichts an die Tafel geschrieben – nicht nur, um den Wortschatz meiner „Ost-Studenten" zu erweitern.
Es ist kein deutsches Wort – es heißt „Empathie"!

Tonis Lebenshilfe:

Zurück vom Urlaub aus dem Bayerischen Wald erzählte Toni begeistert von den Erlebnissen auf dem Bauernhof: „Ich kenne Fohlen, Stuten, Wallache und – ach, ich habe jetzt das Wort vergessen. Ich sage mal einfach Stierlinge. Du weißt schon, was ich meine."

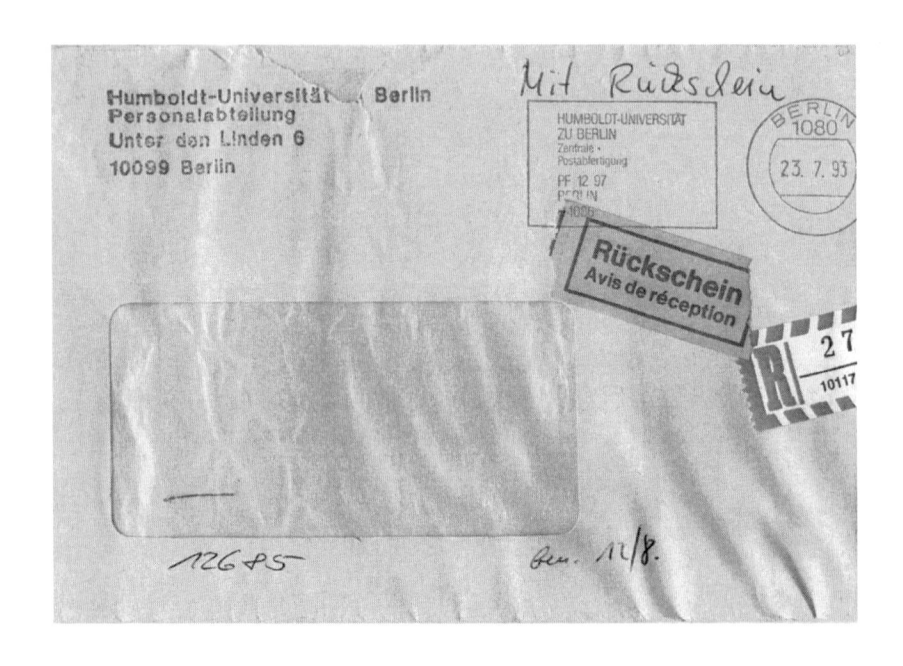

Humboldt-Universität Berlin
Personalabteilung
Unter den Linden 6
10099 Berlin

Mit Rückschein

HUMBOLDT-UNIVERSITÄT
ZU BERLIN
Zentrale ·
Postabfertigung
PF 12 97
BERLIN
1086

BERLIN
1080
23. 7. 93

Rückschein
Avis de réception

R 2 7
10117

126 P5

Gen. 12/8.

Wer bin ich? (1995)

Solange ich lebe, hatte ich mit der Antwort keine Schwierigkeiten. Ich war angepasst, fleißig und sanftmütig, erklomm keine Höhen und durchlief die engen, ebenen Straßen des Lebens. So kam ich in dieses fremde Land, ohne überhaupt einen weiteren Schritt gehen zu müssen.
Nun muss ich mir die Frage neu stellen: Wer bin ich?
Ich erhielt von meiner Arbeitsstelle die fristlose Kündigung. Die Begründung lautete, ich sei „unzumutbar" und hätte meinen Arbeitgeber „arglistig getäuscht". Mir sei eine Arbeit für das Ministerium für Staatssicherheit nachzuweisen.
Ich bin mir sicher, dass ein Irrtum vorliegt.
Ich laufe in Berlin in die Mauerstraße zur Gauck-Behörde und lasse mir einen Antrag auf Einsicht in vorhandene Schriftstücke geben. Ich sehe auf das Stück Papier und weiß nicht, wer ich bin: Soll ich ein Kreuzchen setzen bei „ein Betroffener", „ein Begünstigter", „ein naher Angehöriger", „ein Mitarbeiter des ehemaligen MfS/AfNS"? Nichts ist zutreffend!
Will ich die mir unbekannte Akte einsehen, von deren Existenz ich bisher nichts weiß, muss ich mich „bekennen".
Eine Mitarbeiterin von Herrn Gauck zählt mich ohne zu zögern zu den Tätern. Mir wird bedeutet, „Mitarbeiter des ehemaligen MfS/AfNS" anzukreuzen, denn ich habe ja schon die fristlose Kündigung als Beweis für diese Kategorie in der Tasche. Ich fühle mich aber nicht als Täter und lächele über die Circulus-Vitiosus-Logik der eifrigen Kollegin.
Was habe ich schon getan, das mir jetzt zur Bedrohung werden könnte?

Damals, als ich in der Schule zu arbeiten begann, hatte ich eine Unterschrift gegeben. Daran erinnere ich mich noch. Es war kurz nach dem Mauerbau. Der Schulleiter wollte, dass ich eine Erklärung unterschreibe. In der stand, dass ich keine „feindlichen Sender sehen und hören werde". Ich unterschrieb und blieb dabei, zu sehen und zu hören, was mir gefiel.

Später gehörte ich in der Uni einer Arbeitsgruppe an, die mehrfach um den Gewerkschaftstitel „Kollektiv der sozialistischen Arbeit" kämpfte. Ich weiß, für Nicht-DDR-Bürger klingt das fremd und lächerlich. Aber es war so. Ich verpflichtete mich bei diesem „Titelkampf", so hieß es damals, für die Stärkung unserer Republik zu arbeiten. Auch dafür gab ich meine Unterschrift.

Als mein erster Ehemann das Angebot bekam, in der Protokollabteilung des Ministerpräsidenten eine Arbeit aufzunehmen, wurde mir mitgeteilt, es stünde eine Sicherheitsüberprüfung ins Haus. Ich war nicht verwundert darüber und ließ mir in meiner Wohnung von einem zukünftigen Kollegen meines Mannes eine Erklärung diktieren. Ich schrieb sie ohne Durchschlag und sie erschien mir unverfänglich. Ich hinterfragte den Text nicht. Es ging nicht um Formulierungen, sondern um den Zweck: Überprüfung der Familie.

Jahrzehnte mit Lebenssprüngen sind seitdem vergangen. Der Text ist längst vergessen. Er hat nicht die kleinste Veränderung in mein Leben gebracht. Der fremde Kollege kam noch einige Male in die Wohnung, suchte das Gespräch zu meinem Mann und blieb mir fern. Einmal brachte er mir nachträglich zum Geburtstag einen Blumenstrauß mit und zum Weihnachtsfest einen kleinen bulgarischen Tischläufer. Es war alles ganz belanglos. Damals. Von meinem Mann hatte ich mich wenige Jahre nach dieser Episode getrennt.

Nun aber, viele Jahre später, erfahre ich, dass ich ein zweites Leben hatte – ein Leben in einer Akte. Einige Wochen nach meinem Ersuchen bei der Gauck-Behörde bekomme ich einen Lesetermin. Eine Mitarbeiterin klärt mich über meine Rechte auf. Fassungslos schaue ich auf einen orangebraunen Aktenordner, der über zweihundertfünfzig Seiten bündelt. Die Mitarbeiterin versucht mich zu beruhigen: „Sie sind offensichtlich damals mit erfasst worden. Das war oft so, eben üblich."

Ich gehe in den Lesesaal. Der disziplinierende Blick der Aufsichtsperson schüchtert mich ein. Erkennt jeder schon an der Farbe des Aktendeckels, wer ich bin? Fast alle Tische sind besetzt. Ich schaue auf die gebeugten Rücken vor mir und frage mich: „Wer ist ein Opfer, wer ist ein Täter, wer bist du?" Ich beginne zu lesen. Ich habe noch meine DDR-Lesart im Kopf, der Sprachstil mit seinen inhaltsleeren Floskeln ist sehr vertraut. Aus persönlichem und historischem Interesse lese ich mich fest, bis der Lesesaal geschlossen wird. Manchmal will ich, wie andere um mich herum, mit der Faust auf den Tisch schlagen oder laut lachen. Ich traue mich aber nicht mehr. Ich sehe auf einmal, dass vor mir eine wunderliche Täterakte liegt, für die ich mich verantworten soll. Unentwegt sage ich mir: So war das doch gar nicht, was ist denn das für ein Unfug! In dem Eigenleben der Akte ist der fremde Kollege ein Führungsoffizier. Das Wort ist mir unbekannt; der Name des Mannes auch. Mein Mann und ich sind IMs. Dieses Kürzel und dessen Langform habe ich bis vor kurzem nie gehört. Die wenigen Male, die der Fremde in der Wohnung war, sind konspirative Treffen. Die Blumen und der Tischläufer sind vom MfS. Als Nachweis hat jemand eine gelochte Quittung vom Blumenladen eingeheftet. Umfangreiche Teile meiner Kaderakte aus der Uni sind kopiert enthalten. Viele Seiten der Akte sind gefüllt worden mit einem IM-Vorlauf, der die genaue Beobachtung der gesamten Familie durch das MfS beinhaltet. Eine Notiz über Maria besagt, dass sie wegen „verwandtschaftlicher Beziehungen und durch ihre ärztliche Tätigkeit" Verbindungen in die BRD habe und deshalb vom MfS erfasst sei. Tatsächlich, es steht „ärztlich" da! Ich hätte alle Kontakte zu meiner Schwester abgebrochen.

Wer denkt sich nur so etwas aus? Ich habe doch dieselben Verwandten wie sie! Meine Schwester und ich sind seit der Kindheit unzertrennlich!

Mein Vater! Eine größere parteifeindliche Gruppierung mit teilweise leitenden Funktionären im Partei- und Staatsapparat ist von 1954 bis 1956 operativ bearbeitet worden, lese ich. Der Vorgang hätte seinen Abschluss mit der Inhaftierung von zwei Personen gefunden. Die Gesichter sind mir sofort gegenwärtig.

„Bei dem bearbeiteten Personenkreis handelt es sich überwiegend um ehemalige Mitarbeiter der SPD, die mit der politischen Entwicklung nach 1945 nicht einverstanden waren und sich zu einer losen Parteifraktion zusammengeschlossen hatten." Mein Vater hätte außerdem mit zwei weiteren Personen noch eine kleinere Gruppierung gebildet und allein Kontakt zum Hauptschuldigen unterhalten. Ich lese den Namen Zeiser. Wie erbärmlich ist doch das Wissen um die eigene Geschichte bei diesen Schreiberlingen, geht es mir durch den Kopf. Wenigstens den Namen ihres ersten Chefs hätten sie richtig schreiben können! Ich kenne den ganzen Vorgang, der unsere Familie für einige Zeit geschüttelt hat. Aber das ist eine andere Geschichte.
Wie unlogisch ist das alles. Mutti bemüht sich um Einsicht in die MfS-Akte unseres Vaters als „Opfer", und ich soll zu den „Tätern" gestellt werden?
Ich lese weiter. „Treffberichte" folgen, obwohl ich mich mit keinem getroffen habe. Von mir ist nicht eine Information vorhanden, kein Wort über andere Menschen, kein Auftrag, der mir erteilt worden wäre. Unser privates Telefon wird als Decktelefon geführt. Bei einem Anruf von „draußen" – wo ist das? – hätte ich sagen müssen: „Tag, hier ist Gustav!" Absurd, lächerlich! Hätte sich meine kleine Tochter auch mit „Gustav" melden sollen? Ein Decktelefon habe ich nie in Aktion erlebt.
„Sie haben in der Zusammenarbeit unter Beweis gestellt, dass sie stets ihren Klassenstandpunkt konsequent vertreten haben und entsprechende Informationen aus ihrem Tätigkeitsbereich erarbeitet haben", lese ich. Habe ich nie! Ich habe nicht zusammen gearbeitet, ich hatte keine „Treffen", ich habe keine Informationen erarbeitet! Das war Wunschdenken des Verfassers, Erfolgsberichterstattung, von der Beförderung und Besoldung abhingen. Die Akte wurde drei Jahre lang geführt. Dann wurde sie archiviert und mit der „Plombenzange Nr. 1335 plombiert"; so steht es auf der Innenseite des Rückdeckels.
Keiner kümmerte sich all die Jahre um die fleißige Berichterstattung mit viel Dichtung und wenig Wahrheit. Und ich wusste nichts von ihr.

Ich denke an ähnliche Fälle, bei denen mir zunächst immer durch den Kopf ging: „Ach, schau mal an, der auch!" Jetzt gehöre ich dazu! Der die Akte verfasst hat, ahnte nicht, was sie später anrichten würde. Er schrieb sie für seine Dienststelle, das MfS.
Was soll ich machen? Wenn ich keinen Mut mehr habe, bin ich fast bereit, mit meiner „Täterschaft" zu leben. Ich sage mir dann immer: Unrecht gehört zum Leben und jetzt trifft es eben dich. Nachdem ich die Akte gelesen habe, suche ich weiter nach meinem unbekannten Leben vor langer Zeit. Gespräche mit meinem geschiedenen Mann bestätigen das Wenige, was mir in Erinnerung geblieben ist: Zielperson war er, Grund der Kontaktierung war die zukünftige Arbeit in einem Sicherheitsbereich. Ich wurde vereinnahmt, ohne aktiv werden zu müssen. Er steht als Zeuge zur Verfügung. Er sitzt wartend in den Gängen der Gerichte, wo meine Klage gegen die Kündigung verhandelt wird. Keiner will ihn hören.
Meine Suche geht weiter. Ich hoffe immer noch, den Stempel „Täter" auslöschen zu können. In der Akte habe ich den mir unbekannten Namen des Führungsoffiziers gelesen. Ich finde ihn zweimal im Telefonbuch und entscheide mich zielsicher für den Mann, der in einem Neubaugebiet der siebziger Jahre wohnt. Seltsam, dass der Name überhaupt im Telefonbuch steht. Ich höre nach dem Wählen der Nummer meinen Herzschlag lauter als das übliche „Ja, bitte" einer Frauenstimme. Was habe ich eigentlich erwartet? Er wird doch nicht ans Telefon gehen! Ich werde nicht die Einzige sein, die ihn sprechen will. Nein, er ist nicht da. Wann er zu Hause sei, kann sie mir nicht sagen.
Meine Rechtsanwältin hält mein spontanes Vorgehen für falsch; wahrscheinlich wollte sie sagen – naiv. Sie nimmt Kontakt zu dem Unbekannten auf. Er erscheint in der Kanzlei, wo ich auf ihn warte.
Unauffällig, schmal, blond steht er vor mir. Ich gebe ihm die Hand: „Kennen Sie mich?" „Nein, ich kann mich nicht erinnern."

„Ich mich auch nicht, aber Ihren Namen habe ich in einer Akte gelesen, die Sie angelegt haben."
„Ich weiß nicht, was Sie wollen."
„Sie haben meinem Ex-Mann und mir vor zwanzig Jahren einen Text diktiert. Damals hatten Sie mir gesagt, dass dies nötig sei für die neue Arbeitsstelle meines Mannes."
„Ja und?"
„Ich habe deshalb meine Arbeit verloren – als IM. Ich war doch keine IM!"
„Ich habe keinen zur Unterschrift gezwungen."
„Ja, aber der Text hatte doch eine ganz andere Bedeutung! Außerdem haben Sie Berichte geschrieben, die nicht wahr sind. Ich war doch bei Treffen mit meinem Ex-Mann gar nicht dabei!"
„Ich habe immer die Wahrheit geschrieben."
„Nein, das stimmt nicht! Es gibt viele Stellen, wo ich Ihnen zeigen kann, dass das nicht stimmt, was Sie da geschrieben haben. Es gibt viele Stellen, die wortwörtlich so formuliert sind wie in der Akte einer Frau, die ich in einer Betroffenengruppe kennen gelernt habe. Wir haben unsere Akten verglichen, wortwörtlich steht bei ihr, was auch bei mir steht. Das ist doch unfassbar! Wir haben unseren Augen kaum getraut. Das ist doch alles ausgedacht!"
„Na, es passte genau in den Bericht. Der war eine Seite lang, mindestens, ich musste manchmal was dazu schreiben. War so üblich."

Ich bin entsetzt. Wer hilft mir denn nun? Wer bezeugt meine „Nichttäterschaft"? Ich dachte, er könnte für mich aussagen, dass das alles anders war. Ich dachte, er würde das bezeugen. Vor Gericht!
Die Rechtsanwältin sieht mich mitleidig an. Ich verstehe das alles nicht. Sie hat mit dem Mann in meiner Gegenwart kein Wort gesprochen. Den Mann sehe ich nicht wieder. Ich fühle mich auch von der Rechtsanwältin im Stich gelassen. Aber vielleicht weiß sie besser als ich, wie aussichtslos mein Kampf ist.

Ich suche mir einen Rechtsanwalt im Westen, der dabei ist, fast alle Betroffenen der Uni zu vertreten. Er läuft schon mit einer goldenen Nase herum, höre ich, aber er sei gut.
Meine Arbeitsstelle, gegen die ich wütend und mit voller Überzeugung im Recht zu sein, Klage erhoben habe, lässt mich gelassen wissen, dass „Betroffene nur zu oft Grund geben, ihren Aussagen zu misstrauen".
Ich schlage mich durch die erste Instanz. Ich stelle meinen Gegner, den Rechtsanwalt der Universität, auf dem Gerichtsflur erbittert zur Rede. Beim nächsten Termin versuche ich ihn freundlich zu stimmen. Er gibt zu, er könnte meinen Fall so oder so sehen. Zwei Herzen würden in seiner Brust schlagen. Aber er spricht einen Satz aus, den ich erst nach der Verhandlung verstehe: Jeder Anwalt ist nicht der Wahrheit, sondern allein seinem Mandanten verpflichtet!
Am 9. November 1995 kommt es vor dem Landesarbeitsgericht in zweiter Instanz zur letzten Verhandlung. Ein ehrenamtlicher Richter heißt „Kummer", höre ich. Schlechtes Zeichen!
Der Richter Lampe schenkt mir nicht einen Blick. Er schaut nach links und rechts und ignoriert mich; mich, um die es geht! Ich rede im Stillen mit ihm: „Warum siehst du mich nicht an? Traust Du Dich nicht? Weißt Du, dass Du Unrecht sprechen wirst? Bist Du unsicher? Wer gibt Dir das Recht, über mein Leben zu entscheiden? Du weißt doch gar nichts von mir. Du kannst doch nicht nur das Papier befragen, frag' mich!"
Er findet ein salomonisches Urteil:
Einerseits sage die Akte die Wahrheit und ich muss gehen. Andererseits gibt es bei dem Kündigungsverfahren einen kleinen formalen Fehler, der eine fristlose Kündigung unmöglich macht – einen „personalvertretungsrechtlichen Mangel"!
Es ist keine Freude darüber in mir, dass ich noch für die Zeit meines willkürlich befristeten Arbeitsvertrages bleiben kann und auch Gehalt bekomme, obwohl ich keine Lehrveranstaltungen mehr halten darf. Sogar eine kleine Abfindung spricht der Richter mir zu. Die geht sofort weiter in die Kasse des Rechtsanwalts.

Ich bleibe also eine IM, weil es in der Akte steht. Mein Ziel aber war es, die Wahrheit zu hören: Ich bin keine IM!
Ich habe mein Ziel nicht erreicht.
Der Rechtsanwalt verabschiedet sich von mir und sagt: „In drei Jahren kräht kein Hahn mehr danach!" Welch großer Irrtum!
Wer bin ich denn nun?
Ich bin eine Ausgegrenzte. Für mich gibt es keine Tätigkeit mehr als Lehrerin, Schöffin oder Abgeordnete. Es gibt vieles nicht mehr, was ich könnte und möchte.
Aber mir sind Stärke und Wissen in dieser Zeit zugewachsen.
Wie hochmütig war es von mir zu glauben, ich bekäme Recht, weil ich im Recht bin!

Tonis Lebenshilfe:

Nach dem langen Tag im Kindergarten läuft Toni müde an meiner Hand nach Hause und wehrt meine besorgte Frage, wie es ihm ergangen sei, mit der Feststellung ab: „Ich bin zufrieden mit meinem Leben."

Gestern und heute (1995)

Gestern ging ich zum ersten Mal hierher.
Vor dem Haupteingang stand kein Mensch. Gut so! Erleichterung. Auf den zweiten Blick sah ich aber ein kleines Schild, das mich auf den Hofeingang verwies. Ich lief um das ehemalige Arbeiterwohnheim herum und stand vor einer zweihundert Meter langen Menschenreihe.
Nur für einen kurzen Augenblick war ich das letzte Glied, dann fühlte ich mich eingeordnet in die rätselhaften Windungen der Schlange.
Ich schaute keinen an und hoffte, dass mich keiner erkennt.
Ich brauchte ja eigentlich noch gar nicht hier zu sein. Ich wollte nur sehen, wie es so abläuft, damit ich es besser ertragen kann.
Um acht Uhr dreißig verschwand die Schlange im Haus. Ich lief wie ein fester Teil von ihr die Treppe hinauf. Im Nu waren die Stühle an den Wänden besetzt und die Schlange war verschwunden.
Von da an nahm ich mir ein Weilchen, aber nur ein kleines, um mich umzusehen. Ich fand das Zimmer für „geistes- und naturwissenschaftliche Berufe, Lehrer und Sozialarbeiter". Da müsste ich also hin!
Neben der Tür hing ein gelber Kasten mit einer Nummernrolle. Ich riss ein Billett mit der Nummer vierhundertsechzig ab. Der graugrüne Abschnitt sah aus wie eine Kinokarte für Kindervorstellungen in ganz, ganz fernen Zeiten.
Auf einem Pult lagen Frageformulare. Ich griff mir gleich zwei; ich verschreibe mich oft bei Aufregungen. Dann ging ich an den Stuhlreihen wieder vorbei zur Treppe und zum Ausgang.
Ich gehörte noch nicht hierher. Ein kleines schäbiges Gefühl der Überlegenheit ließ mich durchatmen.

Gestern fuhr ich ein letztes Mal dorthin.

Auf dem weiten Hof war ich allein. Die Semesterferien hatten begonnen, und es drängten mich keinerlei Seminare und Prüfungen mehr. Nie mehr.
Ich saß im Schatten der Kastanienbäume, die im ersten Sommer meiner vielen Arbeitsjahre gepflanzt worden waren.
Eine lange Weile später stieß ich die alte zerkratzte Hintertür zum Foyer des Hauses auf, um es mit einem Blick noch einmal zu umfassen. An der Marmorwand fügten sich die oft gelesenen Buchstaben zu einer Idee, die mir neu und utopisch erschien: „Die Philosophen haben die Welt nur verschieden interpretiert, es kommt aber darauf an, sie zu verändern."
Ich durchquerte die Halle und öffnete das schwere neue Tor zur Straße. Noch trat ich nicht ins Freie. Ich lehnte mich an die hellen, sonnendurchglühten Steine des alten Hauses, das einst ein König für seinen Bruder hatte bauen lassen.
In mir war alles still vor Trauer und Abschiednehmen.

Heute gehe ich zum zweiten Mal hierher.

Ich will gut aussehen, um nicht in der Schlange zu verschwinden. Nicht den Anorak, sondern das Kostüm!
Ich gehe in den Regen. Um acht Uhr stehe ich vor dem Eingang des Arbeitsamtes VIII. Vor mir steht ein rotschopfiger Junge mit Rucksack. „Raiders, Minnnesota" steht darauf mit Farbe handgeschrieben. So viel Eifer, gleich drei „n"! Er hat keinen Schirm. Nach wenigen Minuten liegen die Haare nass um seinen Kinderkopf. Er wird gerade erst die Schule verlassen haben.
Ich halte Schirm und Aktentasche als Schutzschilde gegen den Regen. Zwei- bis dreihundert Menschen stehen geduldig und wieder zur Schlange geordnet vor dem Haus. Erst um acht Uhr dreißig, nicht eine halbe Minute früher, öffnet sich die Tür.
Ich steige zielsicher zur sechsten Etage hinauf. Wir sind acht Wartende für das Zimmer sechshunderteins. Ich scheine die einzige Neue zu sein. Die anderen unterhalten sich.
Wie viel Urlaub gibt es? Wird der Sonnabend mitgezählt? Kann jemand erklären, wie die Summe des Arbeitslosengeldes zu-

stande kommt? Haben Sie ein Glück, dass Sie schon vierundfünfzig sind! Ein halbes Jahr länger Geld ist schon was! Der Regen war doch gar nicht angesagt! Ich habe den Kindern Jogginganzüge rausgelegt; die sind doch im Nu nass! Nicht auf diesen Stuhl setzen! Dort regnet es durch.
Nur selten geht eine Tür auf. Irgendwann wird meine Nummer aufgerufen. Ich gebe die Personalien an und nehme im Flur wieder Platz. Wieder werde ich aufgerufen, diesmal mit Titel und Namen. Ich bin also ein Mensch. Ich erhalte einen Stapel Formulare für den Antrag auf Arbeitslosengeld. Dazu kommt die Broschüre „Ihre Rechte, Ihre Pflichten", deren Inhalt ich wochenlang ignorieren werde. Es folgt ein Antrag für eine Feststellungsmaßnahme. Was ist denn das? Schlechtes Deutsch! Muss ich das machen? Was soll dort festgestellt werden? Ach, für ältere Arbeitslose! Wohin bin ich geraten?
Ich will nicht mehr länger hier bleiben. Das kann doch nicht mein Leben werden! Ich habe immer versucht, mit Lebenszeit sinnvoll umzugehen. Wozu soll ich lernen, wie ich mich „bewerbe" und „besser verkaufe"?
Innerlich wehre ich mich. Aber gegen wen? Die Frau redet freundlich auf mich ein. Es fällt kein Wort über die Möglichkeit einer Arbeitsvermittlung.
Ich begreife schließlich. Hier habe ich alle drei Monate zu erscheinen. Wenn ich meine Pflichten nicht verletze, bekomme ich für meinen verlorenen Arbeitsplatz fristgemäß Geld. Was ich nicht bekommen werde, ist Arbeit.

Heute ist nicht gestern.

Tonis Lebenshilfe:

Er spielt hingebungsvoll auf dem Teppich mit den geliebten neuen Legosteinen. In eine Atempause unseres erregten Gespräches wirft er ein: „Arbeit muss doch sehr wichtig sein. Alle reden jetzt davon!"

Zaubernacht (1996)

Vierhundert Kilometer Autofahrt lagen noch vor uns. Vierhundert Kilometer lagen schon hinter uns. Wir kamen aus dem Schwarzwald. Als es Abend wurde, suchten wir bei strömendem Regen ein Nachtquartier in der Rhön. Wir aßen mit Heißhunger im Speisesalon des Hotels. Eine Stunde danach überfiel mich im Zimmer eine heftige Migräne. Joachim versank grenzenlos erschöpft in einen abgrundtiefen Schlaf. So war die Nacht.

Ich weiß noch, ich habe sie damals aber als eine sommerliche Zaubernacht erlebt, in der Feenkräfte mich erlösten, vom Schmerz um Verlorenes, von der Angst vor Krankheit und anderem Unglück. In dieser Nacht wurde mir eine zeitweilige Sicherheit eingepflanzt, denn wir hatten es bis hierher geschafft. Das Leben könnte weitergehen, wenn wir Glück haben, wenn wir nicht aufgeben. Diese Möglichkeit allein schien das Glück selbst zu sein.

Ich hatte mich im Hotelzimmer an die weit geöffnete Balkontür gesetzt und meinen schmerzenden Kopf an die Sessellehne gelegt. Langsam begannen sich meine Sinne zu entkrampfen. Vor den Augen verschwanden die zuckenden Feuerstreifen. Das Ohrenrauschen ließ nach. Die Luft um mich herum roch regendurchtränkt und warm. Ich atmete sie wie Labsal ein. Vom Duft der Linden vor dem Haus fühlte ich mich seidenweich eingehüllt. Von draußen hörte ich zu dieser späten Stunde noch leise Kinderstimmen. Sie klangen glücklich. Sie klangen nach ungeahnter Freiheit und nach Geheimnisvollem in der Julinacht. Die Kirchenuhr in dem fremden Ort Sandberg schlug zu jeder Viertelstunde einen Spinett-Ton an. Er gab der Nacht einen beruhigenden Rhythmus. Ich vernahm jeden Anschlag. Zur abgelaufenen Stunde wusste ich, wann der Morgen kommen würde.
Nach der Schmerzattacke füllten die überschärften Sinne meinen Kopf mit deutlichen Erinnerungen. Die Dunkelheit neu-

tralisierte meine Empfindungen. Woran ich dachte, schmerzte nicht mehr. Alles war erlebt. Alles war noch in mir, aber es war endlich vorbei:

Sonntag im vorjährigen Sommer in glühender Stadt, Arztzimmer als Warteraum für zweihundert Minuten, aufgerissene Fenster, Hoffen auf Abkühlung am Abend, Zagen vor dem Ergebnis der Operation. Notoperation bei 40° Fieber nach sechswöchigem qualvollem Krankenhausaufenthalt. Unerklärlich. Gleichgültigkeit? Unvermögen? Verbrechen? Mein Kopf verweigert sich, erfasst nur noch die zerreißende Diagnose: Dickdarmperforation, schwere Entzündungen, Abzesse im Darm und Bauchraum, Wasseransammlung in beiden Lungenflügeln, schlechte Eiweißwerte. Schwebezustand, alles ist möglich oder auch nicht.

Am nächsten Abend schenkte mir Joachim auf der Intensivstation zur Begrüßung ein fast unsichtbares verzagtes Lächeln, damit ich nicht weine. Zwei Schläuche führten in die Nase, zwei Sonden in die Venen, Dauerkatheter, Drainagen zum Bauchraum, Pulsfühler. Er lebte, aber das hohe Fieber blieb, Herzrasen, flacher Puls, Reizhusten, noch immer eine undichte Stelle in der Darmwand. Ich würgte die Beruhigungstabletten trocken herunter. Woche um Woche vergingen unverändert. Wenn ich abends vom Krankenhaus nach Hause kam, setzte ich mich ans Klavier und spielte alle meine Schlaflieder und hoffte darauf, dass sie uns beiden eine angstfreie Nacht bescheren würden. Im späten Herbst war Joachim wieder bei mir, alt, erschöpft, von Furcht und Zweifeln geplagt, ob er noch arbeiten könne, wie unser Leben weiter gehen solle, jetzt, wo auch ich meine Arbeit bald verlieren werde. Immer wieder kamen hohes Fieber und Schüttelfrost. Die Fistel in der Bauchdecke gab keine Ruhe. Während des ersten Spaziergangs brach er sich bei einem Sturz das Handgelenk. Dann nahm er wieder seine Arbeit auf. Jeden Tag fuhr er mit voll gepackten Büchertaschen in ein Gymnasium in Berlin,

Brandenburg, Mecklenburg-Vorpommern oder Schleswig-Holstein. Die Nächte irgendwo in einem Hotel ängstigten uns. Mich bedrängte noch unentwegt der Prozess, den ich vor zwei Jahren voller Illusionen gegen die Kündigung angestrengt hatte. Jetzt konnte ich nicht mehr. Schwindelanfälle, Schlaflosigkeit, Depression, Ohnmacht überschwemmten mich. Ich meinte, mein Leben zu verlieren. In meinem Körper setzte sich etwas fest. Ich spürte es.
Joachim wurde zu einem sechswöchigen Arbeitseinsatz in den Schwarzwald geschickt. Diese lange Raum- und Zeitspanne betrachtete er als seinen Feind, den er niederringen musste. In der letzten Woche fuhr ich zu ihm, um die achthundert Kilometer für die Heimreise gemeinsam zu schaffen.

So saß ich nun mit meinen Erinnerungen an der offenen Balkontür irgendwo in der Fremde. Von dem Ort kannte ich nur die Geräusche der Nacht. Wir hatten Sandberg am Abend zuvor kaum gefunden. Die Rhön war mir unbekannt. Ich wusste von den Wiesenflächen, Hochmooren und vom Hinüberwachsen in den vertrauten Thüringer Wald – eine Landschaft mit trennendem Grenzschnitt für Jahrzehnte. Das Trennende hatte ich nicht verwunden.
Auf der Landkarte waren Ortsnamen zu lesen, die mich in die Märchenwelt brachten – Waldfenster, Einöd, Schmalwasser, Gefäll, Sandberg. Für die zwei Flüsschen rechts und links vom Sandbergrücken gab es im Atlas keine Namen. Die Straße hinauf zum Flecken hatten wir am Abend zuvor erst nach einigen Irrfahrten entdeckt. Dann standen wir vor dem Hotel. Es gehörte einem Ehepaar, das uns herzlich wie lang ersehnte Gäste begrüßte. Es war spät geworden. Der Mann wollte mit anderen Gästen noch den Heiligen Kreuzberg besuchen. Wir wollten nur Ruhe. Die Frau servierte uns beiden das Essen. Sie trug ein langes Kleid und hatte ihre blonden Haare zu einem kunstvollen Turban gesteckt. Ihre Zufriedenheit und Ruhe übertrugen sich auf uns. Wir aßen mit Behagen Pfifferlinge mit Semmelklößen und Rahmsoße. Den Rotwein tranken wir

auf unser gemeinsames Wohl. Da hatte meine Zaubernacht schon ihren Anfang genommen.

Als Stunden später der Spinett-Ton viermal erklang, brachte ein Vogel mit seiner Stimme rosa Farbe in den frühen Morgen. Sein Singen war mir unbekannt. Es war keine eifrige Amsel, die mit kräftiger Stimme den Tag herbei singt. Der melodische Gruß half mir wie der Uhrenschlag, ganz in mir versunken zu sein.

Ich verklärte im Kopf meine Qigong-Formel zu einer magischen Hilfe: Hebe das Klare und senke das Trübe! Das Trübe, fast Zerstörerische, war in den Nachtstunden aus meinem Kopf hinaus ins Nichts gegangen. Das Klare, immer Helfende, blieb noch bei mir:

In jenem schweren Sommer hatte mir Joachims kleines Lächeln Mut gemacht.

Damals war der Morgen meine Gartenzeit. Ich besah, beschnitt und begoss die Blumen, trug die Schnecken in den kleinen Waldstreifen vor der Gartenpforte, wässerte die jungen Bäume und sprach mit dem verzauberten Rotkehlchen, das immer in meiner Nähe blieb. Ich redete es mit „kleiner Zeus" an.

Eine alte Nachbarin schlurfte mit ihrem Hund über den Sandweg zu mir, um bessere Nachrichten von Joachim zu hören. Sie schickte am Abend ihren Mann mit einem Korb Kirschen für meine Enkel.

Diese wollten manche Nacht bei mir bleiben; als Wachhunde, wie sie sagten. Ihre besorgte Anhänglichkeit linderte meine Verzweiflung.

Die Kollegen aus dem Verlag erkundigten sich immer wieder nach Joachims Befinden. Einer von ihnen kam aus Braunschweig zu einem zehnminütigen Besuch ins Berliner Krankenhaus.

Ein einst vertrauter Freund aus alten Universitätszeiten bat mich telefonisch, Joachim Grüße zu bestellen. Er hatte sich als Mitglied der evaluierenden Personalkommission nach 1990 für eine Entlassung Joachims ausgesprochen. Ich schlug seine freundliche Bitte ab, was mir gut tat.

Ein fast fremder Freund aus neuen Universitätstagen schickte Joachim ein kleines Radio ins Krankenhaus und besänftigte mein krankes Gemüt mit der Aussicht auf irgendwelche Projekte. Alles ließ Hoffnung aufkommen. Manchmal war es ein kleines Zeichen, das zu guten Zeiten leicht übersehen worden wäre; so wie eine Einladung an den Abendbrotstisch meiner Tochter, so wie der tägliche ärztliche Rat meiner Schwester.

Ich stand leise auf von meinem Ruhesessel, um die Zaubernacht zu beenden. Sie hatte alles für die nächste Zeit in mir geklärt. Joachim schlief noch fest und ich war bis in den kleinsten Nerv meines Körpers im Frieden mit mir und der unheilvollen Welt.

Tonis Lebenshilfe:

Nach einem Klavierwettbewerb kam Toni mit dem Rad bei mir vorbei gefahren und zog aus dem Rucksack, in dem die Noten steckten, eine Rose. Er hatte sie zu seinem Preis überreicht bekommen und schenkte sie nun mir.

Die alte Schreibplatte (1996)

Ich spüre wieder das verbotene Weinen. Es sitzt überall. Es sagt dem Herzen, dass es laut zu schlagen hat. Es befiehlt der Brust, den Eisenreifen zu ertragen. Es gibt den Schultern das Kommando, sich zu heben und die Muskeln zu verkrampfen. Es lässt im Kopf tausend Ameisen losmarschieren. Es macht die Beine pudschwer. Ich kann nicht aufstehen aus dem tiefen Sessel. Meine Augen bemühen sich, über das Stück Papier auf dem Tisch hinwegzusehen.
Pudschwer! Ich sinke zurück in die Märchenwelt. Ein Pud hat 16,38 kg, stand als Fußnote in meinen russischen Kinderbüchern. Du kennst einen Menschen erst dann genau, wenn du mit ihm ein Pud Salz gegessen hast, haben sie mich gelehrt. Die mir den Brief geschrieben hat, saß nie mit mir an einem Tisch. Nicht ein Gramm Salz haben wir zusammen gegessen. Wir sind uns ganz fremd. Ich kenne nur ihr ewig lächelndes Gesicht mit dem riesigen geschminkten Mund.
Sie schrieb mir mit freundlichen Grüßen. Diese Abschiedsformel ist genauso geistlos geworden, wie es der sozialistische Gruß letztendlich war.
Der Brief ist kurz. Er enthält nur die Aufforderung, mit dem Inkrafttreten der Kündigung meine persönlichen Dinge aus dem Raum 3012 zu entfernen und den Schlüssel im Sekretariat abzugeben.
Sie weiß nichts von meiner Trauer. Sie verschickt jetzt jeden Tag diese Briefe.

Den Schlüssel abgeben; ich kann mir das nicht vorstellen. Mein Kopf spuckt den Gedanken aus, der Schlüssel ist der Löffel! Ich leiste mir noch einige Minuten lähmender Traurigkeit. Ich erlöse mein Herz, meine Brust, die Schultern und den Kopf und erlaube mir zu weinen.
Gut, es ist ein Ende. Es ist aber nicht das Ende!
Ich stemme mich aus dem Sessel hoch, lege den Brief mit der Schrift nach unten auf den Schreibtisch.

Ich werde den Auftrag wie eine nichtige Episode erledigen!

Am letzten Semestertag stecke ich zwei Leinenbeutel in die Handtasche. Die praktischen Dederonbeutel sind schon verpönt. Als ich das Dienstzimmer ein letztes Mal aufschließe, bin ich froh, allein zu sein. Ich lasse mir Zeit. Es ist von meinen Dingen, die ich in der langen Jahreskette hierher brachte, nicht mehr viel da. Manches ist auch ganz unwichtig, wie die kleine braune Vase mit der goldenen Aufschrift „Brotterode/Harz". Der Immortellenstrauß, den ich in jedem Sommer erneuerte, zeigt kaum noch gelbe Farbe.

Die Clivie auf dem Fensterbrett hat nie geblüht. Entweder vertrocknete sie fast in den Semesterferien oder versumpfte beim täglichen Gießen von vier Frauen.

Aus dem Schrank hole ich mir einige Fineliner. Ich eigne mir zwei Stapel Schreibpapier an und genieße das trügerische Gefühl, die Uni damit ein wenig zu bestrafen. An der Wand hängt eine Radierung von der Jungfernbrücke in Alt-Berlin. Daneben dröhnen die Farben von dreimal Hundertwasser. Ich will die vertraute Radierung beschützen und stecke sie in den neuen Leinenbeutel.

Nun sitze ich vor meiner Schreibplatte. Sie ist so groß, dass ich sie nicht mitnehmen kann. Sie gehört auch nur auf diesen mächtigen Schreibtisch aus massivem Eichenholz, gebaut in den fünfziger Jahren, gedacht für die Ewigkeit.

In meinem Raum stehen die letzten dieser Schreibtische. In wenigen Wochen werden sie unten im Gang bei dem Sperrmüll abgestellt. Die neuen Schreibtische sind grau, aus Kunststoff, ohne eine Kerbe, passend zur Auslegware, ein Tisch wie der andere, in einem Zimmer wie im anderen, in einem Institut wie im anderen.

Ich finde meine Schreibplatte wunderschön und weiß, dass sie es gar nicht mehr ist.

Sie war hässlich, als ich sie vor langer Zeit auf dem Schreibtisch vorfand. Ich bemerkte sie erst gar nicht, denn ich war ganz unsicher, ob ich die neue Arbeit überhaupt bewältigen würde. Die Berührung mit der kalten Glasplatte war mir unangenehm. Unter der Platte lag ein Stück vergilbtes Papier, ein blauer Kunststoffrahmen umgab sie. Erst als ich mich sicherer fühlte und ich nicht mehr so schnell wie möglich nach Hause floh, bekam ich Augen für meinen Arbeitsplatz. Da begann ich, die Tintenflecke vom Schreibtisch abzuschleifen und ihn mit Bootslack zu streichen. Die Schreibplatte wurde meine Sammelstelle für Erinnerungen.

Die vergilbte Unterlage hatte ich gegen blattgrünes Filzpapier ausgetauscht. Darauf lag ein großes gelbes Ginkgoherz. Jedes Jahr im späten Herbst war der riesige Baum im Hof von einem Kreis herabgefallener Blätter umringt. Der Baum stand dem Haus so nahe, dass die Räume des Rektorats von ihm beschattet wurden. Er berührte Wand und Dach. Haus und Baum waren eine Symbiose eingegangen. Undenkbar – das eine ohne das andere!

Im Frühjahr betrachtete ich die kleinen grünen Bälle an den dünnen Zweigen, die sich zu den herzförmigen Blättern im Nadelmuster ausrollten. Der Baum war mir vertraut und lieb.

Mein Erinnern an Ginkgo biloba berührte Urzeiten, Goethe, die Humboldts und meine Zeit in diesem Haus.

Jetzt, wo ich den großen Baum nicht mehr sehen werde, habe ich ein Ginkgo-Bäumchen in meinen Garten gepflanzt. Im ersten Winter sah es aus wie ein Stock. Im zweiten Sommer wuchs ihm eine kleine Krone. Wenn sich die Amsel darauf niederlässt, droht die Krone abzubrechen. Das Baumkind sieht fremdländisch aus zwischen den Kiefern und Ahornbäumen. Sein Erwachsensein werde ich nicht erleben, aber ich will ihn zum Baum werden sehen.

Das gelbe Ginkgoblatt nehme ich unter der Glasplatte hervor und lege es in meinen Taschenkalender.

In der linken oberen Ecke der Schreibplatte liegt ein Foto vom Schermützelsee. Auf dem hohen Ufer liegt unsere Waldhütte. Joachim und ich hatten alle Kollegen des Bereiches am Anfang der achtziger Jahre dorthin eingeladen. Damals entstand das

Foto. Unsere jährlichen Bereichsausflüge nannten wir Exkursionen. Der Verlauf wurde genau mit Fotos und Berichten in einem Buch dokumentiert, mehr Spaß als Gewerkschaftsauftrag. Wo ist dieses Buch geblieben?
In der Erinnerung war es sehr warm, wie meist um die Sonnenwendzeit. Klaus kam zu spät. Wir warteten mit dem Kaffeetrinken auf unseren jüngsten Kollegen. Nicht weit vom Garten entfernt röhrte ein Trabi. Er schien erbärmlich gequält zu werden. Als Klaus endlich vorfuhr, schimpfte er über die schlechten Straßen. Er hatte den richtigen Weg zur Höhe verpasst. Sein Auto musste den Knochenbrecherweg stürmen, den man kaum ungefährdet zu Fuß bezwingen kann. Klaus, der Liebenswürdige, ließ sich von uns auslachen.
Zehn Jahre später sprang er von einem Hochhaus. Er war einer der ersten, und die Tageszeitungen schrieben noch darüber.
Auf dem Foto vom Schermützelsee sehe ich nicht die Felder, die sich einst über das Plateau am Hochufer erstreckten. Heute wuchern inmitten der neuen Brache bunt blühende Disteln. Wir hatten uns damals einen sonnigen Lagerplatz am Waldrand ausgesucht, dort, wo die Bauern kleine Hügel mit Feldsteinen aufgehäuft hatten.
Für die geplante Literatur-Lesung war mir Fontane passend erschienen. Ich las alles vor, was im „Oderland" über Buckow und Umgebung vermerkt war. Bei meiner Vorbereitung auf die Lesestunde war ich über die Lebensleistung der Frau von Friedland in Begeisterung geraten. Meine Kollegen aber teilten sie nicht. Mein Chef sagte nur nach dem Vorlesen, wie eigentümlich er von Fontanes Lobhudelei des Adels berührt sei. Ich widersprach schwach und ließ mir meine Enttäuschung nicht anmerken. Vielleicht hatte ich die falschen Lektürestellen ausgesucht. Im Stillen blieb ich bei meiner Bewunderung für diese Frau.
Nun ja, dieses Foto bleibt unter der Glasplatte. Ich habe inzwischen schönere vom See, farbig, seidenmatt; AGFA statt ORWO.
Aber das andere nehme ich hervor. Toni ist noch ganz klein. Sein dunkler Haarschopf darf sich noch ungehindert kringeln,

seine nackten Ärmchen verlocken zum Küssen. Er sieht traurig aus. Aber ich weiß, dass er nur noch einmal mit der Seilbahn fahren will. Der Arm seiner Mutter tröstet ihn, und ich erwarte jeden Augenblick, dass er mich mit seinen blitzenden, klugen Augen anlacht. Das Bild wird unter dem Ginkgoblatt im Kalender verwahrt.
Was mache ich mit den anderen gepressten Blumen und Kräutern? Das vierblättrige Kleeblatt ist vergraut. Joachim hat es auf einer unserer ersten Exkursionen in Thüringen gefunden und mir geschenkt, heimlich, keiner sollte etwas von uns wissen. Alle wussten es.
Ich kann den Glücksklee nicht mitnehmen. Er ist so alt, dass er zerfällt. Daneben liegt ein Stängel Salbei. Die einst strahlendblauen Blüten waren für uns Feldorchideen, so verzaubert waren wir von Form und Farbe. Ich lasse den Salbei als Gefährten beim Klee. Er ist in jedem Sommer zu finden.
Aber dieses weißliche Strohzeug nehme ich mit. Keiner erkennt, was es war. Joachims erste Dienstreise ins Ausland ging in die Mongolei. Dort fand er Edelweiß. Er war ganz erstaunt darüber. Für ihn war das eine noch nie gesehene Alpenblume. Wir konnten Edelweiß nicht in den Alpen bewundern, und so brachte mir Joachim drei gepresste Blumen aus den fernen schönen Mongoleibergen mit.
Ich fasse vorsichtig ihre Stängelchen an, schlage eine andere Seite des Taschenkalenders auf und lege mein Edelweiß hinein. Das ist eigentlich alles, was ich mitnehme. Unten rechts liegt unter der Glasplatte ein kleiner Jahreskalender. Noch ein Vierteljahr ist er berechtigt, hier zu liegen. Dann ist das Jahr vorbei. Ich lasse ihn liegen. In diesem Haus habe ich keine Termine mehr.

Tonis Lebenshilfe:

„Oma, staunst du nicht auch, wie die Eintagsfliege ihr ganzes Leben schafft?"

Sie kommen jedes Jahr (1997)

Es ist ihre Zeit. Sie werden schon in der Stadt sein. Wenn ich in den nächsten Tagen zum Alex fahre, sehe ich sie. Aber bestimmt nicht den Jungen, auf den ich seit Jahren warte. Ich würde ihn auch nicht mehr erkennen, weil er kein Kind mehr ist.

Die ersten sah ich in Wolgograd, fünfundzwanzig Jahre nach dem Krieg. Sie legten sich am späten Abend unter die Bäume am Hauptbahnhof. Die Nähe des Flusses brachte Abkühlung. Aber vom Fenster der Gaststätte aus sah ich keinen, der sich in eine Decke gehüllt oder die bloßen Füße gewärmt hätte.

Ich war neugierig auf sie, denn was ich über sie wusste, kam nur aus Liedern und Gedichten in meinen Kopf. Und es gab einen Film nach einer Novelle von Maxim Gorki: „Das Zigeunerlager zieht in den Himmel". Dreimal hatte ich die Bilder von schönen Menschen, phantasievoller bunter Kleidung, idyllischer Bergwelt, wehmütiger Musik und wilden Tänzen in mich eindringen lassen. Ich fühlte mich ihnen verbunden.

In Wolgograd konnte ich mich ihnen nicht nähern. Die Russen um mich herum redeten laut auf mich ein. „Otschen plocho", war das einzige, was ich verstand. Aber unmissverständlich waren die Handbewegungen gegen die Menschen dort draußen unter den Bäumen.

Betäubt und gepeinigt von der aufgestauten Hitze, dem Lärm und Wanzenstichen in den Waden lief ich von der Bahnhofsgaststätte durch die Heldenallee zum Schiff am Flussbahnhof zurück. Der aggressive Hass gegen die anderen unter den Bäumen verwirrte mich. Hass in diesem Land gegen die eigenen Leute?

Diese erste Begegnung mit Zigeunern liegt lange zurück. Wo lebten eigentlich Zigeuner in meinem Land? „Zigeuner" war für mich nie ein diskriminierender Begriff. Noch heute ist es ungewohnt, Sinti oder Roma zu sagen, und diese Namen ändern nichts an der diskriminierenden Behandlung.

Nun gut. Als die Grenze offen war, kamen sie auch hierher gezogen. Ungeübt im Wegsehen, nahm ich das Elend der reglos liegenden Kinder in den Armen der bettelnden Mütter wahr. Es bedrückte mich maßlos.
Als ich eines Abends mit der S-Bahn nach Hause fuhr, hörte ich eine zarte sentimentale Melodie. Ich glaubte mich im Traum. Leise summte ich mit. Aber die Melodie tönte fehlerhaft und folgte mir nur stockend. Aus dem Traum in die Wirklichkeit versetzt, sah ich einen Mann, der eine Mundharmonika mühsam dazu brachte, die Melodie weiter zu tragen. Vor ihm ging sein Sohn. Er hatte die große Nase des Vaters. Die Augen sahen keinen an. Er streckte ruckartig die hohle Handfläche jedem entgegen. Die Zeit war zu kurz zum Überlegen. Wie gebannt sah ich die zwei durch den Wagengang kommen. Was sollte ich machen? Ich hielt die Hand auf dem Taschenverschluss. Ich müsste ihn nun öffnen, das Portemonnaie herausholen, nachsehen, ob ich Kleingeld habe. Und wenn ich keines habe? Alle würden auf mich sehen! Keiner hat bisher etwas in die dunkle Kinderhand gelegt! Keiner!
Die Hand zieht sich schnell zurück. Ich habe es nicht geschafft, mich aus dem Bann zu befreien.
Aus den Augenwinkeln sehe ich, wie Vater und Sohn am Ende des Wagens stehen bleiben. Der Vater hat die Melodie nicht zu Ende gespielt. Der Junge sinkt in die Hocke. Als die Bahn hält, steigen beide aus, ohne sich mit einem Wort, einem Blick, einer Geste verständigt zu haben.

Wochenlang wartete ich nun jeden Abend, dieses Kind wieder zu sehen. Ich wollte etwas gutmachen, was nicht gutzumachen war. Einmal meinte ich, den Jungen zu entdecken. Jannowitzbrücke stiegen Vater und Sohn in die S-Bahn. Es war aber keine leise Mundharmonika, die um Aufmerksamkeit bat, sondern ein volltönendes Akkordeon. Mich schauten dunkle Kinderaugen freundlich an, und eine Kinderhand hielt klappernd einen Plastebecher vor jeden Fahrgast.

Auch meine Mark, die ich nun schon so lange Zeit griffbereit in der Jackentasche trug, fiel in den Becher.

Ich fühlte keine Erleichterung.

Tonis Lebenshilfe:

Beim Abschied fragt mich Toni: „Willst du dir ein Spielzeug von mir mitnehmen?"

Nach dem Leben (1997)

Sie steht vor dem Bild. Es ist kein Greisengesicht, das sie ansieht, sondern das eines schönen Mannes. Die Lippen, die so oft ihren Kinderhals gekitzelt und liebkost haben, liegen fest aufeinander. In der Hand hält er den Federhalter, so als hätte er die Arbeit an seinem Schreibtisch nur für einen Augenblick unterbrochen. Sie sieht den Goldring, den er vierundvierzig Jahre getragen hat. Seine Augen blicken sie streng an. Es fehlt die gewohnte Güte. Sie ist der Hoffnungslosigkeit gewichen. Das Foto war als Vorlage für ein Gemälde gedacht. Es sollte in die Bilderreihe verdienstvoller Hochschullehrer aufgenommen werden. Sie hatte es nie zu sehen bekommen. Vielleicht steht das Gemälde heute verborgen in einem Archiv, geht ihr durch den Kopf. Vielleicht ist es auch einfach beiseite geschoben worden, damals, so wie es mit mir geschah und mit vielen anderen auch.

Ich aber habe das Foto, denkt sie, mein Orakel.

Ich schaue in dein Gesicht, Vater, in deine hoffnungslosen Augen und befrage dich, das Sonntagskind, ob alles gut wird. Ich werfe dir manches vor, manches, was falsch gewesen ist, was mich heute noch quält. Ich werfe dir meine eigenen Fehler vor, weil du mich so erzogen hast, und du kannst dazu nur schweigen. Dein rechtes Auge ist fast blind. Aber der Glanz war nie erloschen. Deine Augen geben mir Antwort.

Sie schaut konzentriert in das Gesicht.

Behalte die Hoffnung, Tochter! Ich hatte sie fast bis zum Ende, auch wenn du sie nicht in meinen Augen siehst.

Hoffnung, woraus soll ich sie schöpfen? Im Winter kamen wieder die schönen Seidenschwänze, die Vorboten des Unglücks. Sie tranken sich satt und stark an dem Saft der Mistelbeeren auf den Robinien. Ich weiß gar nicht, wie du es verkraftet hast, Vater, als Professor Mebel dir gesagt hat, es gibt ein Rezidiv, du müsstest wieder operiert werden. Wie viele Monate blieben noch? Ich weiß es nicht mehr. An deinem Todestag in diesem Jahr werde ich auf die Operation vorbereitet.

Ich habe fünfzehn Jahre vermieden, an die letzten Tage deines Lebens zu denken. Ich werde es jetzt können. Ich sehe jetzt schärfer in die Vergangenheit. Das Sonntagskind wurde ein Glückskind, weil du ein Lebenskünstler warst. Du lebtest immer wie ein Mensch der jeweiligen Zeit. Das ist kein Vorwurf, es ist Bewunderung, weil ich das nicht schaffe.

Ihre Augen beschauen aufmerksam den Hals des Vaters auf dem Foto, der straff und sportlich gereckt die Merkmale der Krankheit verbirgt. Als Kind hatte sie gern dem Vater zugesehen, wenn er schwungvoll elegant die Krawatte knotete, die mit zwei kurzen Bewegungen nach rechts und links richtig am Hals platziert wurde.
Sie verspürt seit einiger Zeit den Zwang, Verschüttetes aus früheren Jahren ans Licht zu holen. Sie sieht Festungen um sich weg brechen und sucht Lebensrettung in sich selbst.

Nun zu dir, Vater, sagt sie in sein weißes ernstes Gesicht, zu deinem Tod. Das ist ein Thema, das jetzt zu mir gehört.
Vor fünfzehn Jahren holte ich drei Hyazinthen aus eurem Garten und legte sie dir in die kalten Hände.
Acht Tage vorher hatte ich Mutti am Leninplatz getroffen. Wir standen im Schatten des übergroßen Denkmals. Mutti trug ein selbst gestricktes Mohairmützchen und den neuen Tweedmantel und sah bezaubernd aus. Aber ihr Gesicht war beklemmend starr. Ich wusste, sie nahm vor jedem Krankenhausbesuch eine Faustan. Wir trafen uns zufällig. Sie kam von dir. Ich kam von der Uni und wollte zu dir, um dir beim Essen zu helfen. Mutti flüsterte angestrengt, das Weinen unterdrückend, dass du in einem gesicherten Bett liegen müsstest. Du seiest in der Nacht verwirrt gewesen. Schrecklich, Vati, ich traue mich nicht, mir das vorzustellen. Du wolltest aufstehen und nach Hause gehen. Du fandest die Hausschuhe nicht und zogst dir die Waschtasche als Schuh an. Du, Vati, du kühler Denker!
Sie streicht sich über die Stirn. Die Erinnerung kommt lückenhaft. Es geht ihr immer so bei schmerzhaften Ereignissen.

Mutter hatte darauf gedrungen, dass du nach Hause gebracht wurdest.

Wo war meine große Schwester an diesem Tag? Bruder Thomas war in Moskau, Dienstreise. Ich sollte nach Angermünde fahren, um Seminare zur Lehrerweiterbildung durchzuführen. Am folgenden Morgen hatte ich alles abgesagt und war mit Joachim in die elterliche Wohnung gefahren. Wie schnell damals alles zu regeln war!

Es erschien uns wie ein Wunder, Vater. Zu Hause konntest du aufstehen, wenn auch nur für Minuten. Du sprachst klar und überlegt, so wie ich es an dir immer bewundert habe, denn du warst unerreichbar für mich.

Die Tage der letzten Woche müssen streng geregelt abgelaufen sein. Dein Hausarzt kam dreimal am Tag. Er war ein Feindfreund von dir – er Katholik, du Marxist. Ich weiß nicht, womit er deine Schmerzen und Mutters Depressionen vertrieb. Er versprühte Hoffnung wie Weihwasser um sich und erfüllte damit die Luft in deinem Zimmer. Wir warteten immer auf sein Kommen. Zwischendurch saß ich an deinem Bett, meinen Kopf dicht an deinem.

Fünf Tage vor deinem Tod sagtest du mir, wie furchtbar die Gewissheit sei, bis zum Lebensende nur mit Hilfsmitteln am Körper funktionieren zu können. Du wolltest diese Unannehmlichkeiten Mutti nicht zumuten. Sie hätte es klaglos jahrelang getan, wenn du noch hättest leben können.

Du wolltest nur wenig essen. Mutti rieb Apfelstückchen in das Müsli hinein, mischte geschlagene Sahne darunter, damit du körperlich nicht verfielst. Deine Gesichtszüge wurden schärfer, die El Greco-Nase noch markanter, aber du sahst gut aus, nicht todkrank.

Manchmal hobst du mühsam die Augenlider, um uns drei an deinem Bett stehend ernst anzusehen. Du fragtest nicht nach Maria und Thomas, sie werden aber in deinen Gedanken gewesen sein.

Am vorletzten Tag blieben deine Augen geschlossen. Mutti öffnete immer wieder die Flügel des großen Fensters im hellen Schlafzimmer. Die feuchte Luft über dem See und die Frühlingsstrahlen der Sonne sollten dich ein wenig beleben.

Als Dr. Karl kam und du die Augen geschlossen hieltest, rief Mutti dich mit deinem Kosenamen. Karl legte seine Hand auf ihren Arm und sagte, sie solle dir Ruhe geben. Sie könne dich nicht zurückholen.

Von da an wussten wir, dass du nur noch Stunden bei uns bist. Ich spürte den Verlust, mich nie wieder mit dir unterhalten zu können. Wir beide hatten vieles ungesagt gelassen. In diesen Stunden warst du mir ganz nahe. Jetzt war ich stärker als du und konnte dir helfen. Ich wollte gutmachen, was ich an Zweifeln und Sorgen in dir ausgelöst hatte. Ich wollte dir meine Zuverlässigkeit beweisen. Es war einmalig, dass nur ich von uns drei Kindern bei dir sein konnte, ich, die eigentlich nicht so Wichtige. Waren das niedrige Gefühle? Ich weiß nicht. Sie waren mir an diesem Tage auch nicht so bewusst wie jetzt.

Am letzten Morgen, du hattest schon lange kein Wort mehr gesagt, suchtest du Muttis Hand und fragtest – Liebes, wann fahren wir nach Hiddensee?

Es blieben deine letzten Worte.

Ich setzte mich auf den Bettrand und achtete auf deinen Atem. Mutti ertrug die Tagesstunden, indem sie an Gewohntem festhielt. Sie deckte für uns drei den Tisch im Esszimmer. Jeder aß für sich, in sich gekehrt, auf deinen Atem hörend. Bald setzte der quälende Husten ein. Wir richteten dich auf. Dein noch immer muskulöser Körper war schwer. Ich rieb dir den Rücken mit Franzbranntwein ab. Mutti bürstete wie jeden Tag sorgsam deine dichten weißen Haare und legte deinen Kopf wieder zurück ins Kissen. Du sahst friedlich aus, aber das Röcheln verließ dich nicht mehr. Ich legte meine Finger um dein Handgelenk und spürte den Puls, bis er am Abend in der Zeit spurlos verging.

Über uns lag Stille, in der Muttis trostloses „Nein" verklang. Später bat sie mich, ans Telefon zu gehen und Dr. Karl zu benachrichtigen. Ich rief auch deinen Bruder in Frankfurt / Main an. Dein Tod kam erwartet. Er löste kein Entsetzen aus. Trauer, Ruhe, Feierlichkeit.

Dunkelheit lag über dem See. Mutti hatte wieder das große Fenster geöffnet. Sie stellte eine brennende Kerze auf deinen Nachttisch und blieb an deinem Bett sitzen. In der Nacht gingen Joachim und ich in das alte Kinderzimmer und schliefen wie betäubt ein.

Am nächsten Morgen holte ich für dich die drei Hyazinthen aus dem Garten. Der Frühling war früher gekommen als in diesem Jahr.

Ich will mich bemühen, auch die letzten Momente deines Seins bei uns auf der Erde in meine Erinnerung zu holen. Aber ich fürchte mich vor den Hässlichkeiten, die dann kamen und gegen die ich nicht einschritt.

Mutti konnte es nicht, weil sie manches in ihrem Schmerz nicht wahrnahm.

Inzwischen war Maria eingetroffen. Als Ärztin hatte deine große Tochter schon lange mit dem Tod gerechnet und deine Lebenskraft bewundert. Sie regelte alles Notwendige.

Es kamen drei Männer vom Bestattungsinstitut. Sie waren mit schwarzen Anzügen verkleidet und hatten stumpfe, versoffene Gesichter. Diese Teufel holten dich aus deinem Paradies. Du lagst mit einem Schlafanzug in deinem Totenbett, das jahrzehntelang dein Lebensbett gewesen war. Sie griffen das Laken an allen vier Enden, rissen es mit Kraft hoch und schleppten dich ächzend durch die Räume und Korridore. Als sie endlich die Wohnungstür erreicht hatten, schlug dein Kopf gegen den Türrahmen. Nur ich sah es und erstarrte vor Entsetzen.

Von da an wusste ich, dass keiner mehr mit dir gut umgehen würde.

Mutti wollte dich noch einmal sehen. So fuhren wir mit der Straßenbahn am nächsten Nachmittag zur Totenhalle am Friedhof. Du lagst wie in einem Schaufenster, aber Mutti sah dich versonnen an. Vati sieht gut aus, nicht wahr?

Ich nickte und starrte dich an. Auf dem dunklen Anzug, den du auch auf dem Foto trägst, lagen die Hände übereinander, die rechte über der linken, so dass demonstrativ der schmale

Goldring blitzte. Ich ging für mich den Gedanken zu Ende, ob der Ring auf deinem Finger bis zur allerletzten Daseinssekunde deines Körpers bleiben würde, so wie es Muttis Wunsch war. Dein Gesicht trug ein unwirkliches Lächeln. Die Oberlippe war etwas hochgezogen und entblößte deine noch immer schönen Zähne. Die Wangen waren rosenfarben, und ich krümmte mich bei der Vorstellung, diese Teufel hätten dich geschminkt, ausgezogen und angezogen und dir Gewalt angetan. Wodurch war Mutti geschützt, dass sie nichts von diesem makabren Schaustück sah?

Die Vorbereitungen für die Beisetzungsfeier habe ich nicht in Erinnerung.

Ich werde mit Joachim wieder nach Berlin gefahren sein, denn die Arbeit ging weiter. Ich las in den Zeitungen die Anzeigen zu deinem Tod. Ich suchte im „Neuen Deutschland" einen Nachruf, fand aber nur eine kleine Pressemitteilung. In der Lehrerzeitung erinnerte die Ministerin an deine Leistungen. Mich kümmerten diese Dinge nicht sehr; ich war noch in dichten Nebel gehüllt. Aber ich schnitt alles für Mutti aus. Sie war beunruhigt und irritiert, dass die Zeitung keinen Nachruf verfasst hatte.

Die Hochschule übernahm die Ausgestaltung der Feier. Du solltest auf dem Ehrenhain des Friedhofs beigesetzt werden. Mutti verweigerte dies, weil sie Angst hatte, im Tod von dir getrennt zu werden. Deine Grabstelle, die sie ausgesucht hat, ist schön und groß. Dein Name und die Lebensdaten stehen ohne Titel und weitere Worte auf grauem Granit. Mutter hat es so gewollt. Thomas hat sie beraten.

Die Kränze zu deiner Beisetzung, Vater, waren ungewöhnlich schön. Die Frau deines Chauffeurs besaß einen kleinen Blumenladen am Friedhof. Beide verehrten dich sehr.

In der Trauerrede wurde Wort an Wort gestellt, hölzern und sachlich. Mir erschienst du wieder als unfehlbar und unantastbar.

Ich weiß, die Warszawianka, fast hundert Jahre vor deinem Tod zum ersten Mal erklungen, hast du gerne gehört. Aber bei der Feier zerfetzte sie mir den Kopf. Dann sangen noch einige Stu-

denten ein Volkslied an deinem Grab. Oder war es der Kleine Trompeter, das Lied mit der simplen Melodie, das ich nicht mochte? Als der Krebs noch ein unentdeckter Keimling in deinem Körper war, hattest du mehrmals unter Lachen den Wunsch geäußert – Kinder, bei meiner Beerdigung muss unbedingt das Lied erklingen „Ich möchte noch mal zwanzig sein und so verliebt wie damals." Wir hörten belustigt zu, wie du mit lauter und geübter Stimme die Melodie sangest und den Text dabei liebevoll an Mutti richtetest. Mutti erwiderte gespielt ungerührt – Hör' auf, du singst immer einen halben Ton daneben!
Am Grab drückten uns viele die Hände. Meine Empfindungen hatte ich verloren. Nur das Gefühl blieb, dass irgendetwas nicht mehr stimmte. Du warst tot. Ging mit dir nicht unser Schutz? Mit dem Tod von Fritz, dem vertrauten SPD-Freund im Politbüro, drei Jahre zuvor, war irgendwie auch schon von dir ein Schutz genommen.

Das Foto des Vaters hängt in einem silbernen Jugendstilrahmen. Sie durchforscht die zweimal drei Zentimeter große Stelle auf der linken Seite des Anzugs. Sie erkennt die goldene Öse, an der ein fünfzackiger Stern hängt, hinterlegt mit einem breiten Blätterkranz. In der Mitte des Sterns weiß sie das Abbild von Karl Marx. Auf dem Foto ist es nicht zu erkennen.
Für diese Aufnahme, für das unbekannte Gemälde, hattest du den Orden angeheftet. Zu deinem 75. Geburtstag erschien in der „Volksstimme" ein Artikel über dich. „Voll Stolz nennen sich viele ‚seine Schüler'." Die Zeitung muss ich noch haben. Dein Lebenslauf und deine Leistungen wurden beschrieben. Ein langes Leben, scheinbar ohne Brüche. Damals erschien mir das ganz selbstverständlich. Deine große Menschenliebe wurde treffend gekennzeichnet – Herzlichkeit, persönliches Verhältnis zu den Mitarbeitern, freundlicher, aufmunternder Beistand, Anteil nehmendes Interesse, helfende Kritik, Verständnis und vieles andere.

Das war der Tag, an dem du den Karl-Marx-Orden bekamst. Du warst sehr stolz. Wir waren alle stolz. Die Glückwünsche und Präsente lagen in Bergen auf deinem Schreibtisch, wo Mutti immer nur vorsichtig den Staub wegwischte, um die innere Ordnung der scheinbaren Unordnung deiner Schriften zu bewahren. Bei den Geschenken stand die Etagere aus Kristall, geschickt vom Zentralkomitee der SED. Sie steht heute bei mir in einem Kellerregal. Ich weiß nicht, wohin mit ihr. Zum 70. Geburtstag hattest du von der Gewerkschaft eine ähnliche bekommen, die jetzt irgendwo bei Thomas steht. Fünf Jahre später nun kam der Gratulant von der Gewerkschaft mit sechs bunten Römern. All diese Prachtstücke hast du belächelt und nie benutzt, aber natürlich warst du hoch erfreut. Die schriftlichen Ehrenbezeugungen waren dir wichtiger. Wer hat alles geschrieben, Kinder? Deine spürbar festliche Freude über die Glückwünsche und über den Orden wiegeltest du scherzhaft mit dem Spruch ab – Tritt man erst ins Alter ein, kommt die Ehrung ganz allein! So etwas Ähnliches muss Fontane, dein Busenfreund aus dem vorigen Jahrhundert, gesagt haben.

Mutti nannte uns Jahre nach deinem Tod einen anderen Fontanespruch, um kommentarlos einen uns bis dahin unbekannten Bruch in deinem Lebensweg zu erklären – Heldentum ist Ausnahmezustand und meist Produkt einer Zwangslage!

Ich habe den Karl-Marx-Orden noch vor Augen, aber ich habe ihn nach deinem Tod nie wieder gesehen. Sechs Wochen nach der Beisetzung wurde er von einem Abgesandten des Zentralkomitees wieder abgeholt. Mutti bewahrte alle deine Orden im Nachtschrank auf. Ich weiß nicht, ob sie es als Unrecht empfand, dass das Goldstück, für sie mit hohem ideellem Wert, aus ihrem Erbe entnommen wurde. Die anderen Orden gab Mutter später Thomas als deinem Namensträger.

Sie überblickt noch einmal das Foto im Silberrahmen.

Ich bin noch nicht fertig, Vater. Du musst mir zuhören. Wir beide haben kaum miteinander diskutiert oder gar gestritten.

Es gab viele liebevolle Belehrungen. Heute beschäftigen mich aber noch deine inquisitorischen Befragungen zu meinem Lebensalltag, deine vorwurfsvollen Monologe, auf die ich nie antworten konnte, weil ich innerlich vor Schmerz zersprang.
Wie lebtest du, Vater; wie bin ich geworden, wie ich bin?
Wenn ich aus dem Krankenhaus komme, nehme ich mir einen Tag Zeit, fahre mit der S-Bahn quer durch Berlin und komme an dein Grab. Eine Eibe hat vor einigen Jahren hinter den Granitstein einen winziger Ableger hingesetzt. Du liebtest alte Eiben mit ihren breiten Schwingen. Deine Grabeibe ist noch ein Kind. Ich werde sehen, ob sie gedeiht unter dem Dach der mächtigen Linden.

Sie wischte mit dem Finger die Stäubchen vom Silberrahmen und schaute lächelnd auf den schönen Alten mit den todernsten Augen.

Vater, ich habe dein Altersbild wieder in mir, und ich werde auch die Hoffnung in mir nähren.

Tonis Lebenshilfe:
Am frühen Morgen geht Toni verschlafen an das Klavier und schlägt leise einige Töne an.
Er steht vor der linken Seite der Tastatur und spielt plötzlich mit aller Kraft den tiefen Akkord G-H-D: „Oma, hör' mal, das klingt, als ob die Welt einstürzt!"

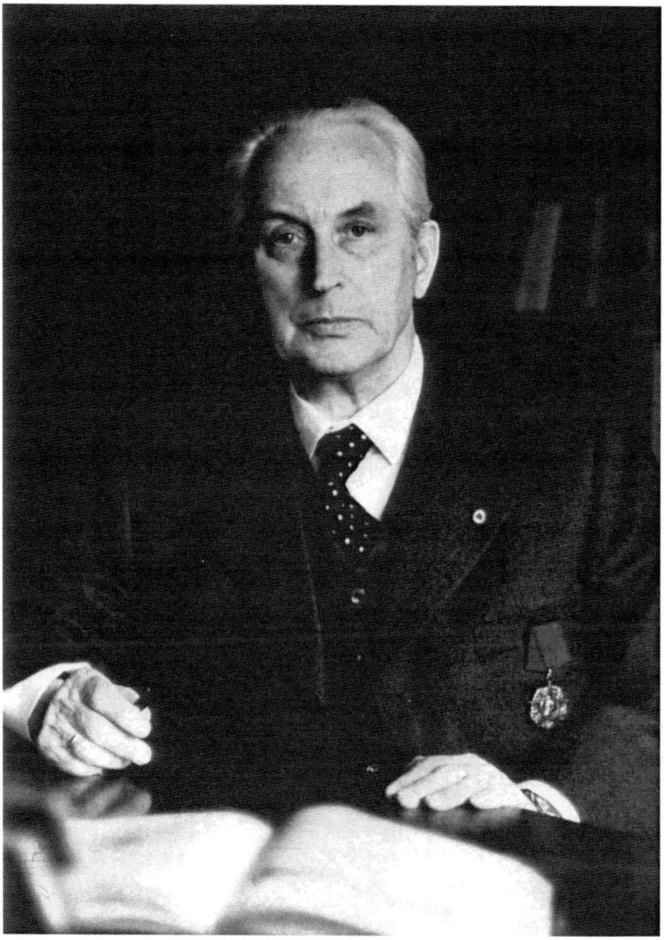

Einladung ins Bellevue (1997)

„Das ist völlig unmöglich!", war meine Antwort auf die Einladung. Ich saß auf dem Bettrand und ließ die Beine in den engen weißen Strümpfen hängen. Soeben hatte mir eine Schwester die Thrombosespritze gegeben. Die Sonne schien hell auf die verstaubten Fenster des Krankenhauszimmers. Sie trugen noch den Winterschmutz so wie auch meine Fenster in der Veranda, die ich zum Osterfest nicht mehr putzen konnte. Ohne große Beeinträchtigung einfach weiter leben, das alleine wäre gut. Ich will keine Einladung! Ich werde auch alle Projekte fallen lassen. Meine Krankheit darf nur eine Episode bleiben. Zwei Operationen liegen schon hinter mir, in drei Wochen erfolgt die dritte. Wenn es nicht anders geht, weine ich nach innen und zeige Sachlichkeit nach außen. Was soll jetzt also die Einladung, jetzt, da ich so viel Kraft brauche? In anderthalb Monaten soll ich ins Bellevue kommen! Wo liegt eigentlich das Schloss? Ich habe noch immer Schwellenangst. Es kann auch Abneigung sein. Die Einladung verstört mich. Ich möchte sie nicht annehmen. Sie strengt mich zusätzlich an. Wer kommt denn darauf, dass ich in diesen Kreis passen würde?
Einer, der mich nicht kennt, hörte ich. Der Chef meines Mannes hatte mich seinem Vetter empfohlen, der mit dieser Sendung beim Bayerischen Rundfunk betraut war. Also, Zufall, Hauptsache Frau und aus dem Osten! Die Quote also!
Die Dramaturgie stand fest und die mir zugedachte Rolle war zementiert. Ich kannte sie noch nicht genau.
„Beim Bundespräsidenten im Bellevue". Der Bundespräsident Roman Herzog lädt ein! Er will mit einer Diskussion über den 17. Juni 1953 zum Abbau von Vorurteilen beitragen. Das wird er nicht können, dachte ich und schrieb meine Abwehr mit einem Zitat in mein Tagebuch: „Es ist leichter, einen Atomkern zu spalten, als ein Vorurteil! Einstein."
Ich hätte dem alten Pfiffikus glauben sollen. Aber das wäre wieder eine ungeprüfte Übernahme fremder Gedanken ge-

wesen. Es wurde Zeit für mich, endlich das Gutgläubige abzulegen, und so nahm ich Einstein doch nicht ganz ernst. Es zog das Gift der Eitelkeit und der Verlockung in meinen geschwächten Körper.

Ich habe Einiges zu sagen, ging mir durch den Kopf. Mein kindliches Alter im Jahr 1953 macht meine Erinnerungen aus jener Zeit um den 17. Juni nicht fragwürdig. Darüber hinaus rankt sich so manches um diesen Tag, was vielleicht in diesem Kreis nur ich sagen könnte.

Ich würde bestimmt nicht die kleinen Pannen und menschlichen Schwächen der ehrwürdigen Genossen preisgeben. Das wäre zwar sehr verführerisch für mich, weil aus diesen Verfehlungen shakespearische Stoffe zu weben sind. Damit stünde ich aber auf der Seite der Anderen, denen ich eigentlich ein Gegenüber bieten wollte.

Nach langer Zeit gingen wieder einmal die unglaublichen Stolperstellen durch meine Gedanken: Wie war das nur möglich, dass in der Nacht, als der Justizminister Max Fechner wegen seiner Haltung zu den Juni-Ereignissen festgenommen werden sollte, die Staatssicherheit nicht seine Adresse kannte?! Das Haus in Schöneiche war umstellt, die Telefonleitung gekappt, das Grundstück belagert, denn an der Pforte stand der Name „Fechner". Aber es war der Sohn Harry, der dort wohnte und sich von westlichen Provokateuren überfallen fühlte. Mit Wassereimer, Kristallschale und Schüssen in die Luft versuchte er, die Angreifer in die Flucht zu schlagen. Derzeit schliefen noch seine Eltern einige Straßen weiter in ihrem neuen Haus. Aber nicht mehr lange.

Als Onkel Max, so nannte ich ihn als Freund meiner Eltern, wenige Minuten später verhaftet wurde, wandte er sich zu seinen Bewachern um und sagte: „Ihr jungen Dachse verhaftet mich, und für euch habe ich mein Leben lang gekämpft!"

All das Unrecht am Justizminister wurde noch mit der Anschuldigung homosexueller Handlungen angereichert. Mein Vater, ein ausgewiesener Frauenfreund und engster Mitarbeiter von Fechner, war darüber höchst verwundert. Aber er war selbst

inhaftiert, nein, vom MfS für Wochen interniert, denn einen Haftbefehl gab es nicht.
Und über allem wachte Walter Ulbricht. Drei Jahre lang blieb Fechner in Haft. Dann wurde er begnadigt.
War es nun eine dramaturgische Höchstleistung, als 1966 Ulbricht den gedemütigten Max Fechner, dessen politische Laufbahn mit dem 17. Juni erbarmungslos beendet worden war, bei Herrn Poneskys bunter Fernsehshow „Mit dem Herzen dabei" an seine Brust drückte? Die Intimfeindschaft der alten Männer wurde offiziell abgelegt.
Doch 1971 ereilte auch Walter Ulbricht eine groteske Demütigung. Seine Ära wurde an seinem 78.Geburtstag für alle Bürger sichtbar beendet: Er musste im Bademantel und in Latschen auf einem Sessel sitzend die Glückwünsche des Politbüros entgegen nehmen. Das Foto ist unvergessen. Zu seiner ganz privaten Geburtstagsfeier lud Ulbricht daraufhin keines der Politbüromitglieder ein. So kam es, dass er von einer Anzahl seiner ehemaligen Opfer umgeben war. Max Fechner gehörte auch zu seinen Gästen. Dessen alter Genosse aus gemeinsamen SPD-Zeiten, Fritz Ebert, nahm ihm das übel. Auch er war ein nicht eingeladenes Mitglied des Politbüros.
1973 starb Ulbricht, Fechner starb wenige Wochen nach ihm. Die Trauerrede für Onkel Max hielt natürlich ein ehemaliger Sozialdemokrat, das Politbüromitglied Mückenberger. Als wüsste er es nicht besser, sprach er von den großen „Drei" der Vereinigung von KPD und SPD 1946 – Otto Grotewohl, Wilhelm Pieck und Max Fechner. Ulbricht wurde einfach vergessen und sollte vergessen sein. Seine Lotte war bei Max Fechners Beisetzung freundlich, versöhnlich anwesend und ertrug standhaft wortlos die Schmähung ihres Mannes.

Soviel zu dem, was nicht in die Runde beim Bundespräsidenten gehören würde. Aber ich merkte, dass die Einladung durchaus ihren Reiz haben könnte.
Mit einem Anruf vom Sender Freies Berlin hatte ich nicht so schnell gerechnet. Es seien Probeaufnahmen gewünscht. Na

gut, dachte ich, vielleicht ist damit die ganze Angelegenheit beendet. Dann liegt die Entscheidung nicht bei mir.
Ein Fernsehteam belagerte mein Wohnzimmer. Ich hatte eine unpassende Bluse an und musste mich umziehen. Das Muster changierte zu unruhig auf dem Bildschirm. Der Sessel, auf dem ich saß, wurde mit Schwung über mein sorgsam gehütetes Parkett geschubst und drückte lange Spuren in das Holz. Ich hatte keinen Mut zum Protestieren. Dann gingen im Scheinwerferlicht die Fragen auf mich nieder, ohne dass ich den Sprecher sah. Nun hatte ich aber meine Sprache wieder gefunden und gab über mich Auskunft.
Wieder verging ein Weilchen. Ich wusste nicht genau, hatte ich überhaupt schon ein klares Ja oder Nein zur Einladung gesagt? Was wollte ich eigentlich? Konnte ich noch aussteigen aus der Fahrt ins Bellevue?
Der Bayerische Rundfunk zeigte sich als Auftraggeber zufrieden mit den Aufnahmen vom SFB. Ich bekam den Ablauf der geplanten Fernsehsendung und die Namen der Teilnehmer mitgeteilt. Auch ein erfreuliches Honorar wurde mir zugesprochen. Dieses wollte ich sogleich in ein schönes Kostüm für den „Auftritt" verwandeln. Ich wusste, dass Äußerlichkeiten mir Sicherheit verschaffen konnten, wenn mein Inneres verunsichert war. Aber ich hatte keine Lust, durch Kaufhäuser zu rennen und Trubel um mich herum zu ertragen. Aus Katalogen hatte ich mir jedoch noch nie etwas bestellt. Die unterkühlten langen Models mit ihren dünnen Körpern schienen für mich nichts bereit zu halten. Nun aber musste ich es versuchen. Ich fand ein hellblaues Jackenkleid, in dem ich mich für einen Tag wohl fühlen konnte. Passende Schuhe dazu kaufte ich nicht. Schließlich würde mir wohl kaum einer auf die Füße schauen. Ich unterschätzte die Pressefotografen!
Nun befasste ich mich mit meinen Sparringspartnern:
Bei dem ersten – dem Präsidenten – fürchtete ich die Macht. Was er sagte, würde gewiss unwidersprochen bleiben.
Der zweite – der Publizist Peter Bender – war mir aus einem der vielen Fremdauftritte von Historikern und Publizisten nach

1989 in der Humboldt-Universität bekannt. Ihm fühlte ich mich etwas sinnverwandt.

Dem dritten – einem ehemaligen Häftling aus Bautzen – würde sein eigenes Schicksal am Herzen liegen. Wie allgemeingültig seine Einschätzung sein könnte, müsste ich abwarten.

Den vierten – Fritz Schenk – kannte ich nur vom Fernsehen, wo er oft als „kalter Krieger" das ZDF-Magazin moderierte hatte. 1953 war er der Büroleiter beim Chef der Plankommission in der DDR gewesen. Er wurde der Spionagetätigkeit verdächtigt und floh in den Westen.

Mein Kontrahent wird der fünfte sein – der ehemalige Student unserer Sektion – überlegte ich. Keiner kannte ihn, als bei uns die Überprüfung und Selektierung anfingen. Er schien wie ein Stein vom Himmel gefallen zu sein und direkt in die entscheidende Kommission, die über das Wohl und Wehe jedes Mitarbeiters entschied. Wer hatte ihn dort hinein gesetzt? Er war ein streitsüchtiger Heißsporn und überheblicher Besserwisser ohne Taktgefühl.

Ach, Bange machen gilt nicht! Sollte er so auftreten, blieben seine Arroganz und Schlaumeierei keinem verborgen.

Ja, was ist nun, gehe ich ins Bellevue? Die notwendige Garderobe habe ich schon. Für andere Gelegenheiten werde ich sie kaum benötigen. Gehe ich also wegen des unnötigen Jackenkleids dorthin? Nein, im Ernst, ich habe es nun so oft überlegt: Wenn ich der Einladung folge und die Sendung gut überstehe, ist es mein Zeichen, dass ich wieder auf die Beine komme.

Ich werde mich vorbereiten, fleißig sein, wacker als Gegenspielerin am Gespräch teilnehmen und gestärkt aus der unerwarteten Unternehmung heraus gehen.

So fuhr ich am späten Nachmittag des 12. Juni in das Hotel „Spreebogen" nach Berlin. Am nächsten Tag, einem Freitag, dem 13., stand ich irgendwann am Vormittag im Schloss Bellevue. Draußen, im Park waren elegante weiße Zelte aufgebaut, denn für den Nachmittag war ein Gartenfest angesagt. Dann würde ich schon längst wieder zu Hause sein. Ich ging mit den anderen durch die Räume des Schlosses, wunderte mich über die überdimensionalen Gemälde, die nur Farbe beinhalteten und war froh, dass ein Journalist der heimatlichen Landkreiszeitung mir mit seinen freundlichen Fragen nicht von der Seite wich.

Wir Eingeladenen setzten uns schließlich an einen runden Tisch und der Präsident gongte mit gesetzten Worten das Gespräch ein.

In der ersten Runde erzählte jeder, wie er den 17. Juni 1953 erlebt hatte.

Die zweite Runde gehörte den historischen Fakten um diesen Tag. Als die älteren Herren und ich ihre Kenntnisse vorgetragen hatten, stellte der Jungakademiker klar, dass das alles völlig veraltete Sichten seien. Er sprach von einem landesweiten umfassenden Volksaufstand, der freie Wahlen zum Ziel gehabt hätte.

Die dritte Runde wollte ich nach Punkten gewinnen: Ich wandte mich gegen den fest gestanzten Wortgebrauch vom „gewaltsamen Niederschlagen des Aufstandes durch sowjetische Panzer", was nur an ein riesiges Blutbad denken ließe. Ich sprach auch gegen die Vereinnahmung der Ereignisse durch das Gesetz zum Tag der deutschen Einheit. Es sei kein Tag gewesen, an dem vor allem für die Einheit Deutschlands gestreikt und demonstriert worden sei. Das schöne Wort „unverkrampft" brachte ich auch noch ins Gespräch, denn das hatte der Präsident allen Bürgern zugestanden, wenn sie zu ihrem Lebensweg stehen wollten. Und ich wollte!

Die vierte Runde bestritt der Präsident. Er gab den Landsleuten einen Urlaubstipp: Bautzen. „Ich kann nur heute jedem empfehlen, gehen Sie hinein in das ‚Gelbe Elend' – da bekommt man eine ganz andere Vorstellung von Rechtsstaat und Unrechtsstaat." Dann widersprach er mir vehement. Er betonte, dass er nun sieben Jahre nach seiner letzten Rede zum Tag der deutschen Einheit – 17. Juni 1953 – nicht ein Wort verändern müsse, denn alles sei nach wie vor richtig: Es wurde für freie Wahlen und die Einheit Deutschlands gekämpft!

Das verschlug mir die Sprache, aber ich dachte still an den Satz: „Siege machen träge und Niederlagen befördern das Denken."

Nach der Aufzeichnung des Gespräches kam ein Redakteur zu mir, um mir mitzuteilen, dass alles sehr gut verlaufen sei. Es müsse Einiges, aber Nebensächliches, gekürzt werden.
Draußen, im Park, wurde inzwischen das Fest vorbereitet. Ich sah ein freundliches Hin und Her und fühlte mich müde und irgendwie enttäuscht.
Bis zur Sendung „Beim Bundespräsidenten im Bellevue" vergingen fünf Tage.
Einerseits wollte ich die Aufzeichnung des Gespräches ignorieren, andererseits erwartete ich sie mit Ungeduld. Spät, zur Gute-Nacht-Zeit, begann sie.
Als unbeteiligte Zuschauerin hätte ich den ARD-Kanal nach wenigen Minuten abgedreht. Bei aller Aufregung – es war langweilig!
Das Ganze erschien mir gefällig und nichts sagend zu sein. Der junge Musterhistoriker zelebrierte sich selbst mit Imponiergehabe. Ich wartete geduldig auf meine Runde drei. Sie kam, aber ich wartete und wartete, da war die Sendung schon zu Ende. Mein „unverkrampftes" Zweifeln an dem Sinn des Tages zur deutschen Einheit war weg. Alles von mir Gesagte, was dem Präsidenten oder dem Redakteur missfallen haben wird, war einfach weg geschnitten worden. Ich fühlte mich betrogen. Wie hatte ich denn glauben können, dass es keinerlei Zensur gibt?!
Einige Freunde fragten mich, warum ich nicht die Rolle einer Gegenspielerin eingenommen habe. Ich winkte verdrossen ab.
An den folgenden Tagen erhielt ich vom Sender Zeitungsberichte und Zuschauermeinungen zugeschickt. Sie waren freundlich. Eigentlich hätte ich zufrieden sein können. Aber keiner wusste, dass er nur eine unvollendete Sendung gesehen hatte! Oder war es eine Fälschung?
Um eine Enttäuschung war ich reicher, um eine Erfahrung auch. Das zweite sollte schwerer wiegen!

Als nicht lange danach wieder ein Anruf aus München kam, um mich zu einer Sendung über den Mauerbau einzuladen, hatte ich sofort ein klares „Nein" parat. Wichtig blieb für mich eigentlich nur das Zeichen, das ich im Krankenhaus mit mir verabredet hatte: Ich werde gesunden, wenn ich die unerwartete Unternehmung bewältigen könnte. So hielt ich zufrieden stille Einkehr mit mir.

Tonis Lebenshilfe:

Ich bin betroffen, als ich von Toni höre, an der „Beschäftigung" im Kindergarten muss sich keiner mehr beteiligen. Alles ist freiwillig. „Und du, was machst du?" „Du weißt doch, ich will alles lernen. Ich gehe jeden Tag da hin!"

Randbemerkungen zum 42. Historikertag – ganz privat (1998)

Ich bin falsch hier! Aber das war mir auch klar, bevor ich hierher kam. Die Neugier hat mich geschickt: Hat sich was verändert? Wer kommt denn noch von „uns"? Kaum einer! Resignation und Abgrenzung einerseits, Ausgrenzung andererseits. Das Erste ist verinnerlicht. Das Zweite, die Abgrenzung, will ich nicht akzeptieren. Wie wäre es, die Zunft der Abgewickelten, Gekündigten, Geschmähten und Gedemütigten würde sich einmischen? Nicht als angepasste Referenten, sondern als verstörende Disputanten; nicht destruktiv, sondern widersprechend aus anderer Sicht. Ich sehe nur ein, zwei Gesichter hier, die das könnten. Mir fehlt der Mut.

Auch das ist also Illusion, aber das Dritte ist sowieso entscheidend: Ausgrenzung. Es gibt uns ja gar nicht und somit ist keiner willkommen. Der Osten hat nur eine „Wissenschaftswüste" vorzuzeigen. Wer also sollte eingeladen werden?!

Ich komme als Abgewickelte, Gekündigte, Arbeitslose. Ist das Larmoyanz? Es wird so benannt, wenn die Fakten zu unangenehm werden. Also lasse ich den ostdeutschen Jammeraspekt beiseite.

Ach, ich bin eigentlich ganz privat gekommen, nur als Begleiterin meines Mannes. Er hat hier den Verlag zu vertreten, für den er nun schon seit Jahren arbeitet.

Ich will beobachten und werde registrieren: Nichts Neues im Westen! Oder doch? Ich sollte nicht voreingenommen sein, der Historikertag hat ja noch gar nicht angefangen!

So manche sind noch auf der Suche nach Quartier. Ich erkenne den einen. Sein Vorfahre sitzt in Marmor gehauen im Hof meiner alten Universität, die meine nicht mehr ist. Der Nachkomme ist entrüstet, dass die Zimmer im Hotel ausgebucht sind, wo er doch einer der ganz wenigen ist, wie er laut verkündet, die den lateinischen Spruch über dem Portal des Hotels noch übersetzen können: Fortiter occupa portum. Nebensächlich, sicherlich, aber symptomatisch für das Gehabe.

Ich gehe am nächsten Morgen zu meiner Sektion. Thema: Problemorientierter Unterricht. Wie oft habe ich das mit Studenten diskutiert, exerziert, korrigiert. Aber ich höre als erstes, dass der Theoriegehalt der DDR-Methodik ganz gering war: „Wir können dies vergessen, meine Damen und Herren!" Wie gehabt; es bleibt nichts übrig! Aber vielleicht doch in den Köpfen unserer ehemaligen Studenten, die als Geschichtslehrer arbeiten.

Ein Beitrag fesselt mich: Die Bodenreform in der Sowjetischen Besatzungszone und in den westlichen Besatzungszonen. Die von mir befürchtete Frage folgt prompt: Sollte man darüber überhaupt reden? Die Bodenreform ist doch nur im Osten was geworden, in Deutschland spielte sie sonst gar keine Rolle!

Ja, eben, will ich sagen; sage ich aber nicht!

Die Fragende hat das Thema der Tagung nicht verstanden: Intentionen - Wirklichkeit.

Liebe Güte, ist das eine Einsamkeit um mich! In München vor zwei Jahren war es nicht anders. Aber damals entdeckte ich etwas, was ich in meinem Land so nie gesehen habe: weibliche Kommunikation – an Toilettenwänden! Peinlich? Nicht doch! Keine Obszönitäten! Vielmehr solidarische Ratschläge:

- Weg mit § 218. Frauen entscheiden selber!
- Abtreibung ist Mord!
- Schließlich wird keine Frau gerne ungewollt schwanger!
- Ich habe die Fress-Brechsucht. Was kann ich tun?
- Bist nicht die Einzige. Wir sind nur Opfer dieser Welt, die uns keine Wärme und Zärtlichkeit schenkt.
- Ich hasse die Bürokraten!
- Alle Menschen sind Ausländer. Fast überall!
- Alle Faschisten sind Arschlöcher – überall!
- Wer A sagt, muss nicht B sagen. Er kann auch erkennen, dass A falsch war! (Brecht)

- Wir haben die Kunst, um nicht an der Wahrheit zu sterben! (Nietzsche)
- Gestern standen wir vor dem Abgrund, heute sind wir einen Schritt weiter.
- Also, ich verstehe das nicht. Wer streicht denn jetzt die Adressen durch. Sie weiter zu geben ist eine solidarische Geste! Sie durchzustreichen verhindert auch keinen Schwangerschaftsabbruch!
- Keine Angst. Frag doch mal in der Weidenbachklinik, die sind gründlich und schnell.
- Danke!
- Danke!
- Vielen Dank.
- Heute werde ich sterben.
- Bist du blöd? Du bist doch noch so jung und hast das ganze Leben vor dir.
- Aber vielleicht ist das genau das Problem – das ganze Leben vor sich zu haben.
- Doch! Wie lange dauert so ein Leben. Es kann doch gleich zu Ende sein!

Diese Sprüche sind Teil meiner Mitschriften vom Historikertag in München 1996. Ich habe in ihnen getrennte deutsche Geschichte entdeckt. Wie fremd ist mir der § 218! Wie fremd auch Nietzsches Gedanke. Wie fremd dieser Pessimismus.

Aber jetzt bin ich in Frankfurt am Main. Von zehn Sektionen am Nachmittag wähle ich die zu den Konzepten, Konflikten und Kompromissen in der Geschichte der Sowjetischen Besatzungszone. Es referieren junge Historiker aus Berlin und Potsdam. Sie sind erfrischend uneitel, unetabliert, und sie präsentieren exakte Quellenanalysen. Ihre Wertungen sind offen, nichts ist ganz sicher, vieles noch umstößlich. Einmal mische ich mich ein und merke, Einwände werden akzeptiert. Man muss immer wieder prüfen, höre ich. Das gibt Hoffnung. Vor zwei Jahren war sie gänzlich abhanden gekommen.

Ich hörte damals einem Hochschullehrer aus Bielefeld zu, was er zur Sowjetisierung des Konsums in der SBZ/DDR zu sagen hatte: „Sowjetische Konsumpolitik war Verzicht auf Konsum." Es gab keine Waschmaschinen und die „Wäsche wurde generell in Großraumwaschmaschinen" gewaschen. Die Privatisierung der Motorisierung wurde nicht generell abgelehnt. Was für ein Deutsch! Da die Frauen in die Produktion sollten, gab es Gemeinschaftsküchen mit symbolischem Essenpreis. Die „Datschenkultur entwickelte ein Kleineigentümerbewusstsein für Holzhütten als Urlaubsunterschlupf." Und schließlich – weiß das keiner mehr – „ging im Prinzip das System am Fresszwang und ungestillten Fleischkonsum zugrunde!" Ich drängelte mich verzweifelt aus der Reihe. Die anderen einte Beifall und Belustigung.

Ähnliches will ich mir diesmal nicht mehr antun. Ich selektiere jetzt genau. Es steht fest, am Freitagnachmittag werde ich schon wieder auf dem Weg nach Hause sein. „Opposition und Widerstand in der Geschichte der DDR" sind zwar interessante Themen, aber die mir bekannten Akteure versprechen nur verklärende, halbwahre Selbstdarstellungen.
Noch aber steht der Höhepunkt aus: Deutsche Historiker im Nationalsozialismus. Eine Lehrerin sagt zu mir: „Was soll das jetzt noch? Da wird mit Toten abgerechnet, und inzwischen geht die Welt unter!"
Der Saal ist überfüllt, schon eine halbe Stunde vor Beginn. Am Eingang werden heute die Teilnehmerausweise kontrolliert. Einige Hörer sprechen ihre Erwartungen in Kameras und Mikrofone. Vor mir liest einer die „Welt". Alle 20 Jahre muss die Geschichte neu geschrieben werden, heißt eine Schlagzeile.
Ich sehe als Moderatoren zwei Professoren, die einst alle meine Kollegen und mich evaluiert haben. Nicht in der vertrauten Uni mit ihren schützenden Wänden, sondern in einer Villa im fernen Grunewald.
Mir fällt gerade ein, dass gestern eine Sektion zum Thema tagte „Der Historiker als Richter". Diese beiden Moderatoren

waren nicht gemeint; und unsere Zeit ist noch nicht gekommen.

Der eine Moderator beginnt: „Wir alle sollten uns fragen, warum haben wir dieses Thema nicht früher aufgegriffen?" Ja, warum wohl?
„Die Revision unseres Bildes ist nötig!"
Er ist weißhaarig und kommt nun zu dieser Erkenntnis.
Der erste Referent sagt: „Endlich ist das Beschwichtigen vorbei!"
Er legt dar, wie die deutschen Historiker bruchlos aus der NS-Zeit in die Nachkriegszeit hinüber geglitten sind. Aber er vergisst die kleine SBZ, wo anderes geschah.
Die folgenden Referenten bringen Beweise für die mittelbare Beteiligung von Historikern am Völkermord. Sie waren Schreibtischtäter, „Kopflanger", deren Vorschläge Realität wurden. Während sie im Nationalsozialismus über die „Entjudung Osteuropas" forschten, fanden sie den Höhepunkt ihrer Karriere nach 1945 mit dem Forschungsgebiet zur „Vertreibung der Deutschen aus Osteuropa". Die Einschätzung fällt – „ungebrochene Kontinuität"!
Einer der Referenten konstatiert, dass die Volkstumsforschung und die Südostdeutsche Forschungsgemeinschaft die Begleitforschung für die Vernichtung der Juden geliefert haben. Die Historiker der DDR hätten diese Sachlage in den fünfziger Jahren aufgeklärt, sagt er, dagegen wurden in der Bundesrepublik die genannten Institutionen als reine Sachforschungsinstitute deklariert.
Es ist ein Publizist, der in seinem Referat die klarsten Worte findet. Immer, wenn ich etwas von ihm lese, bin ich eigentlich auf einen Schmerz gefasst. Mit verletzendem Sarkasmus und mit Arroganz zerschlägt er Lebenszeit in der DDR. Jetzt aber richtet sich sein Schwerthieb gegen andere – NS-Historiker. Werner Conze gab 1940 seine Forderungen zur „Entjudung der Städte und Marktflecken" in Polen heraus, um die Überbevölkerung zu mindern. 1953 konnte er seine Thesen – ein wenig

entschärft – wiederum veröffentlichen. Conze habe selbst eingeschätzt, „1945 hat die Arbeit der Historiker nicht wesentlich verändert". Theodor Schieder forschte zur „Herauslösung des Judentums aus polnischen Städten". Er forderte in einer Denkschrift die sofortige „Umsiedlung" von ca. 3 Millionen Polen und Juden. Seine Vorschläge wurden von Eichmann aufgegriffen, betont der Referent. Ab 1953 arbeitete Schieder als Leiter der Wissenschaftlichen Kommission zur „Dokumentation der Vertreibung der Deutschen aus Ost-Mitteleuropa".

Das Referat wird lakonisch mit der Feststellung beendet, dass es bereits im nächsten Jahr eine Dokumentation im Oldenbourg-Verlag über die Gilde der DDR-Historiker geben wird; so schnell geht das! Eine Dokumentation zur deutschen Geschichtswissenschaft im Nationalsozialismus steht aber noch aus. Sie sollte zum nächsten Historikertag vorgelegt werden. Der Vorschlag wird nicht aufgegriffen.

Dafür werden die Referate vor der Diskussion von einem renommierten Berliner Historiker kommentiert. Ich traue meinen Ohren kaum! Er straft die Referenten Lügen! Er beschwichtigt! Er bestreitet jeden Zusammenhang zwischen den Vernichtungstheorien und der Vernichtung selbst! Sicher, so meint er, sei es höchste Zeit für dieses Thema und es gab personell keine Stunde Null für Historiker und andere. Aber wieweit immunisiert die Arbeit an Geschichte für Verfänglichkeiten der Zeit? Wäre es nicht trotzdem zu den Verbrechen der Nazis gekommen, wenn sich die Historiker anders verhalten hätten? Jetzt steht der Historiker auf, der vor zwei Tagen dem Hotelportier seine Lateinkenntnisse anpries. Er weist den Kommentar scharf zurück. Noch einmal ist zu hören: Es waren nicht ein, zwei Historiker, die sich rassistisch und antisemitisch als Schreibtischtäter hervortaten. Es geht nicht um eine Akzentverschiebung bei der heutigen Diskussion. Es geht um mehr! Andere melden sich zu Wort, um dem zuzustimmen. Ich bin geneigt, Luft zu holen und durchzuatmen. Aber Schieders Sohn versucht auf dem Podium einen Ausgleich zu finden, indem er einerseits von dem heute notwendigen Prozess spricht, andererseits auf das „liberale Verhalten" seines Vaters und anderer an den Universitäten nach 1945 hinweist, was „als Eingeständnis der Verfehlung" zu bewerten sei.

Bin ich zufrieden mit dem Gehörten? Wie könnte ich! In der nächsten Sektion will ich noch einmal meine Nerven erproben. Es geht um den inneren Zerfall der DDR. Wieder ist der Hörsaal überfüllt. Ich kann diesmal mit Ruhe zuhören und habe nicht das Bedürfnis wie vor zwei Jahren, mich aus der Reihe zu drängeln. Sachlichkeit ist die Basis. Nur einer verlässt die Linie. Er will über das Bild vom Westen im Osten sprechen. Aber das Thema wird verpasst. Es gibt keine Konzeption, keine Analysen. Es gibt dafür eine zweitklassige Unterhaltungsshow. Ach, das kenne ich schon seit dem Historikertag in Bochum 1992. Damals erzählte er die Mär, die DDR-Kinder hätten 1970 nichts vom Weihnachtsmann gehört, dafür nur von Lenin. Dessen 100. Geburtstag war angesagt.

Heute erzählt er, wie die Ossis an den Westkaffeebüchsen geschnuppert und sie endlos oft mit Ostkaffee nachgefüllt haben. Er auch, gesteht er schelmisch!

Es gibt noch welche, die das hören wollen, die lachen und klatschen. Es tut so gut, sich auf Kosten anderer zu belustigen. Aber es sind nicht alle. Mein Nachbar, ein Studienrat aus Bremen, ist über die Zeitverschwendung empört. Er wird sich wohl nicht das Buch des Referenten kaufen, dessen Arbeitsstelle sich in Petershagen/Eggersdorf befindet. So steht es jedenfalls im Programm.

Ich gönne mir einen schönen Abschluss und gehe in die Ausstellung zur Revolution von 1848. Ich habe kaum etwas zu bemängeln, stelle ich fest. Bin ich eigentlich immer in Abwehrstellung? Nur die pfälzisch-badischen Kämpfe scheinen nicht stattgefunden zu haben; kein Wort dazu!

Im Nachgang zum Parlament in der Paulskirche studiere ich eine Fotoserie über deutsche Parlamente. Selbst die Volkskammer ist vertreten! Man freut sich schon über Selbstverständlichkeiten.

Das letzte Bild, überdimensional groß, zeigt den Bundestag. Und wer steht am Rednerpult? Ausgerechnet der kleine Gysi! Zufällige Bildauswahl, verschmitzte Provokation? Das Foto ist verschwommen, nicht jeder wird im Mittelpunkt des Geschehens den Akteur erkennen.

Aber für mich gilt Fontanes Weisheit: „Man sieht nur, was man weiß!"

Tonis Lebenshilfe:

Als der große Bruder verreist war, beschloss Toni spontan am Abend: „Ich decke mich heute mit Mattis Bett zu. Dann bin ich bald so stark wie er!"

Weihnachts-Geschichte aus dem armen reichen Land (1998)

Der Angeklagte ist ein Obdachloser. Sein Name wird wegen juristischer Erwägungen nicht genannt. So soll er in dieser kurzen Geschichte „Besdomni" heißen.

An einem bitterkalten Tag, als Schneesturm durch die Straßen unserer kleinen Stadt raste, saß Besdomni in einer Gaststätte und aß. Er saß allein an einem Tisch. Befremdete Blicke streiften ihn. Er ließ sich Zeit, speiste mit Behagen, kostete die unbekannten Genüsse aus und genoss das warme Gefühl der Sättigung in seinem Bauch.

Die Gewissheit eines nahen Ungemachs konnte das eine Bier nicht aus seinem Kopf spülen. Sein augenblickliches Glück und seine beständige Angst standen sich ungleich gegenüber. Das Glück war stärker, denn er hatte einen Plan. Sein Glück sollte sich bald verdoppeln und so gab er der Angst nur wenig Platz in seinem Denken. Sie ließ er nur gewähren, soweit es erforderlich war.

Bald schon konnte Besdomni dem eingeplanten Verhängnis nicht entrinnen: Die Rechnung lag auf dem Tisch.

Er atmete langsam den letzten Augenblick in der warmen guten Stube ein, schaute an die schützende Decke über seinem Kopf, erhob sich vom Stuhl, sagte, er habe kein Geld, ließ sich geduldig von der Serviererin beschimpfen und stand sogleich in der Kälte vor dem Haus.

Nicht lange danach nahm ihn die Polizei in Gewahrsam; für Besdomni ein sicherer Ort, eine Obhut, ein Schutz, eine Vorsorgung, ein Glücksteil seines Plans, und er verlor, auch wie geplant, seine ständige Begleiterin, die Angst.

Wenige Tage vor dem Weihnachtsfest steht nun Besdomni vor dem Amtsrichter unserer kleinen Stadt. Der verliest, dass der Angeklagte bereits siebenundsechzigmal vorbestraft sei. Der Restaurantbesuch ohne Bezahlung sei eine weitere vorsätzliche Straftat, die diesmal mit Haft geahndet werden müsse. Besdomni wird nach weiteren Lebensplänen befragt. Er ist irritiert und erzählt dem Amtsrichter, er wolle gern nach München, dort wäre ein gutes Heim, aber er habe keine Fahrkarte nach München.

Der Richter, erst kurze Zeit im Dienst, unterbricht die Sitzung, telefoniert mit dem Sozialamt und informiert den Angeklagten darüber, dass er sich in jeder Stadt vom Sozialamt 17 DM abholen könne, davon müsse er sparen, bis er das Geld für die Fahrkarte nach München habe. Besdomni fängt nicht an zu zählen, durch wie viele Städte er von Brandenburg aus wandern müsste, um das Geld für eine Fahrkarte nach München einzusammeln. Er will auch nicht seine ständige Begleiterin wieder neben sich spüren, wenn er die vielen Sozialämter sucht. Der Traum von München aber kann bleiben.

Der Amtsrichter verurteilt Besdomni zu zwei Monaten Gefängnis. Der bittet seinen Richter um den sofortigen Antritt der Haft. Beide sind überrascht: Der Richter über die Einmaligkeit der Bitte. Der Angeklagte über seinen Mut, einen Wunsch zu äußern. Nie hat eine Amtsperson Anteil an seiner Lebensplanung genommen. Deshalb fasst er Zutrauen zu dem jungen Beamten und erklärt unverzagt: Wenn er gleich einziehen dürfte, hätte er in den Wintermonaten Dezember und Januar ein Dach über dem Kopf, gäbe es für ihn auch eine Weihnachtsfeier, es wäre warm, er bekäme regelmäßig ein Essen, er brauche keine Angst vor Übergriffen zu haben. Alles andere sei ihm egal.

Der Amtrichter fragt nach, ob er auch im Polizeigewahrsam gut versorgt worden sei. Besdomni erwidert, er sei sehr zufrieden damit gewesen.

Sein Glücksplan ist aufgegangen, er darf über Weihnachten ins Gefängnis.

Und der junge Amtsrichter denkt – armes reiches Land, und erzählt mir die ganze Geschichte.

Tonis Lebenshilfe:

Bevor der erste Schultag kommt, bittet Toni seinen Opa, ihm zu helfen. Er hat Angst vor den großen Jungen auf dem Schulhof. Er möchte wissen, wie er sich wehren kann: „Opa, zeige mir doch ein paar Tricke!"

Sie üben beide, sich gegenseitig ein Bein zu stellen, damit der andere fällt.

Toni ist beruhigt und Opa ist beunruhigt.

Kreuzwege und Wegekreuze im Adlergebirge (1999)

Kreuzwege im Orlicke Hory. Der Blick weiß im Westen das Schlachtfeld von Königgrätz, Hradec Kralove.

Die Augen sehen im Osten den Gipfel des Kralicky Sneznik im Schneegebirge.
„Und in dem Schneegebirge, da fließt ein Brünnlein kalt.
Und wer das Brünnlein trinket, bleibt jung, wird nimmer alt."
In der Schule haben wir das Lied noch einige Jahre nach dem Krieg gesungen, dann nicht mehr. Ich habe nie nachgefragt, warum wir es nicht mehr singen. Ich habe auch nicht gefragt, wo ich das Schneegebirge finden kann.

Der Blick geht nach Norden ins Glockental. Herbstgefärbte Birken stehen vor dem Fichtenwald und zeichnen ein Lewitangemälde. Im Regenschleier liegt die Divoka Orlica, die Wilde Adler, das Grenzflüsschen zu Polen, aus dem Hochmoor sauberes Wasser tragend.

Nach Süden fließen die Hänge des Adlergebirges in die ostböhmischen Niederungen.

Nur noch wenige hundert Meter sind zum Majer-Hof zu laufen. Rechts grüßt ein Wegekreuz unter zwei Linden, deren Kronen ineinander gewachsen sind. Wir kennen den eingemeißelten deutschen Spruch auf dem steinernen Marienstandbild: „Maria bit fir uns".
Der Majer-Hof wird von Rita, der Schäferhündin, bewacht. Sie steht mit der Kette am Hals und beäugt uns aufmerksam und stumm. Schon vor Minuten hat sie uns mit Gebell angekündigt. Wir ziehen unsere Stiefel nicht aus, als wir das Haus betreten. Das braucht man bei Anna nicht. Links vom dunklen Flur rieche ich den Stall. Nur eine Kuh und drei Hühner haben Majers noch. Rechts geht die Tür auf. Der alte Majer

drückt uns herzlich die Hände. Er sieht aus wie vor acht Jahren, als wir zum letzten Mal hier waren. Seine silbergrauen Haare stehen fast elegant auf seinem Kopf, aber es ist die Menge, die die Frisur ergibt. Anna schneidet ihm die Haare büschelweise raus, damit er sie überhaupt kämmen kann. Seine blaue Arbeitshose wird über dem Bauch mit einer grauen Schnur gehalten. Er trägt die Stiefel, die er auch im Stall an hat.

Der Fußboden der Küche ist mit buntem glänzendem Linoleum ausgelegt. Das muss neu sein! Ich empfinde es als unverschämt, über den Belag mit unseren nassen Waldstiefeln zu laufen.
Anna Majers Gesicht ist wie vor Jahren lieb, schön und hellwach. Ihre langen weißen Haare nimmt sie von Zeit zu Zeit mit einem Handgriff hoch über ihren Kopf, dreht zweimal einen Schießgummi darum, so dass eine kleine Haarschlaufe mitten auf dem Kopf steht, die nach einer Weile zur Seite abrutscht. Anna sieht dann ungewollt kess aus. Wie damals trägt sie in warmen Hausstiefeln bequeme blaue Trainingshosen und über allen Nickis und Jacken eine rosageblümte Kittelschürze. Ihr Oberkörper ist in der Taille um fünfundvierzig Grad nach vorn abgeknickt. Sie kann nicht mehr gerade laufen. Seit Jahren quält sie das Rheuma. Außerhalb des Hauses stützt sie sich auf zwei Stöcke aus dem Wald. Einer trägt noch die Borke und steht griffbereit am Tisch.
Die Wohnküche ist wie in unserem Ferienhaus, das wir von Prager Freunden gemietet haben, fast sechzig Quadratmeter groß. In der Mitte steht ein herrlicher Kachelofen mit Kochstelle, einem „Hafen" für warmes Wasser, zwei Backröhren, Gestänge zum Wäschetrocknen und einer Sitzbank. Daneben haben im Herbst und Winter ein Fass mit Sauerkraut Platz und eine große abgedeckte Schüssel mit selbst gemachtem Quark. Überall liegt eine Fülle von Zeitungen und Gebrauchsgegenständen. Der alte Tisch, um den wir uns setzen, hat auf jeder Seite eine Schublade und unten eine Stange zum gemütlichen Aufstellen der Füße.

Anna rückt den warmen Quark-Apfelstrudel auf einem Holzbrett in die Mitte des Tisches. Sie wirft eine Handvoll Aluminiumlöffel dazu und verteilt den Kuchen auf Unterteller. Ihr Platz ist neben dem elektrischen Wasserkocher. Der Kaffee wird türkisch in großen Porzellantassen gebrüht. Jede Tasse hat ihre eigene Form und Farbe.
Aus dem Küchenspind unseres Ferienhauses nahm ich in früheren Jahren gern die alten Tassen mit der Aufschrift „Wien", „Leoben" oder „Linz". Die Namen klangen so unerreichbar.
Anna sieht uns mit ihren hellblauen jungen Augen an und fragt: „Wie geht es euch?" Jeder von uns sagt ein paar Worte. Aber sie meint es anders: „Wie gefällt es euch jetzt?" Nun wissen wir, sie will genauer Auskunft haben. Ich sage, dass ich keine Arbeit mehr habe. „Das ist nicht so schlimm", bekomme ich von ihr zu hören, „man muss weiterleben!"
Einer von uns sagt kurz und bündig, dass es nun die Diktatur des Geldes gibt. Anna hat auf ein Stichwort gewartet. Sie redet in ihrer deutschen Muttersprache, die sie nur selten übt: „Versteht ihr die neue Zeit? Wir sind doch schon mal viel weiter gewesen. Jetzt sind wir alle zurückgegangen. Das ist doch alles so wie ganz früher, als ich Kind war." Sie redet schnell, von Gedanken zu Gedanken springend: „Die Westdeutschen sind anders. Sie geben sich so hochgehoben. Und sie sitzen auf ihrem Geiz. Wir haben doch ganz andere Werte. Politisch sind sie auch ganz krass. Wollen die Deutschen ihre Kinder wieder in Kriege schicken? Da unten auf den Balkan? Der ist doch nicht weit weg! Ich lese schon gar nicht mehr gerne Zeitung. Sie schreiben auch nicht immer die Wahrheit. Wir sind alt und bleiben, wie wir waren. Wir sind nicht mehr zu manipulieren. Die von der Landsmannschaft waren hier. Ich soll meinen Hof verkaufen, sagen die. Nein, nie! Die wollen hier ihre Versammlungen machen. Ich habe hier gelebt als Deutsche, aber ich sehe die Deutschen von der Landsmannschaft nicht gerne hier, auch wenn ich so spreche wie sie."
Karel sitzt auf der Couch, geht nun hinüber zu Anna auf die andere Seite des Tisches, weil er Annas Hilfe braucht. Er bleibt

neben ihr stehen und beginnt zu reden, laut und heftig wie zu einer großen Menschenmenge. Sie scheint ihn zu beschwichtigen oder zurechtzuweisen und übersetzt nur kurz und knapp für uns. Er spricht lange und beschwörend. Ich verstehe nichts, nur „Kommunism" und „Svoboda". Anna lässt die Worte aus. Er scheint es zu merken, redet mit den Händen, um sich verständlich zu machen, und hat dabei Tränen in den Augen. Anna fasst zusammen: „Die neue Zeit ist unintelligent, alles ist für Geld zu haben, wohin soll denn das führen?"
Anna hat als Deutsche im Adlergebirge ihr Leben lang Schwierigkeiten gehabt. Da sie nach dem Krieg schon mit Karel verheiratet war, konnte sie bleiben. Sie fühlt sich Deutschland in keiner Weise mehr verbunden. Sie ist Tschechin im Denken und Fühlen. „Aber Majerova heißt es nicht mehr lange! Maier!" Sie winkt ab. „Die Neuen händeln untereinander. Wer ist noch ehrlich? Die Käti wird auch schon ein wenig komisch, wisst ihr?! Weiß nicht recht, wohin sie gehört. Auf einmal redet sie so wie die, die zum Pastor kommen und ihm Geld geben; die von der Landsmannschaft. Richtig komisch ist Käti. Als ob sie zwischen zwei Stühlen sitzen will."
„Na, aber sie kommt doch auch aus Berlin, nicht wahr?"
„Sicher, sie hat ihren Vaclav in Berlin kennen gelernt. Er war dort in der Brunnenstraße zur Zwangsarbeit. Aber Käti lebt seit über vierzig Jahren hier. Sie ist nach Vaclavs Tod hier geblieben, ganz selbstverständlich. Hier ist ihre Heimat. Sie ist doch auch mehr Tschechin geworden! Also, ich verstehe sie jedenfalls nicht. Dass sie jetzt so komisch redet für die Landsmannschaft.
Am Sonntag war auf dem Wenzel eine Versammlung der Sudetendeutschen. Furchtbar! Dass das möglich ist!"
Anna lässt abwechselnd Zeigefinger und Mittelfinger über die Tischplatte marschieren: „Ein Sudetendeutscher kriegt Kinder, die haben Kinder, die haben wieder Kinder und die auch wieder haben Kinder. Und alle wollen Sudetendeutsche sein?!"
Ihre Stimme klettert in schrille Höhen: „Und die stehen auf dem Wenzel und machen Geschrei!"

„Ist die Polizei nicht eingeschritten?"
„Ach was! Das ist doch Demokratie! Der Zwieblich, der mein Schulkamerad hier war vor mehr als sechzig Jahren, der kam früher oft hierher. Wollte sehen, wollte besuchen, sich erinnern, nur so zur Freude und zum Weinen. Aber jetzt? Er ist auch wie ein anderer geworden. Er bringt Fremde mit und macht Versammlungen. Wir gehen nicht hin. Ich habe zu ihm gesagt – ich mag dich nicht mehr! Aber Frantek war da, was unser Sohn ist. Sie reden so, hat er uns erzählt, als wollen sie hier wieder alles haben. Sie erheben sich über uns mit ihrem Geld. Vor der Versammlung, da wusste ich noch nicht so, was sie wollen. Zwieblich kam hierher und sagte, er will über die Grenze. Das war doch früher auch deutsch dort, Glatzer Bergland. Ich soll mitkommen. Bin auch mitgefahren. An der Grenze sagte der Zollmann, mein Ausweis stimmt nicht. Seit zwölf Jahren geht er nicht mehr!"
Anna lacht fröhlich. „Habe ich nie gemerkt. Wozu brauchte ich einen Ausweis? Ich musste aussteigen aus dem Auto. Dann bin ich gelaufen, ganz langsam. Hab so getan, als wenn ich Blaubeeren suche, ein bisschen quer durch den Wald. Zwieblich wartete auf der anderen Seite auf mich."
„Hat dich keiner gesehen?"
„Doch, aber der Zollmann hat eben auch mit mir gehändelt, so einfach im Kopf. Er hat so getan, als ob er mich nicht sieht, weil ich nicht den richtigen Grenzweg gelaufen bin. Die Polen und Tschechen haben doch bis vor paar Jahren in einer Grenzstation Karten gespielt. Warum soll er mich nicht rüberlassen? Aber es war nicht gut dort. Leeres, vergessenes Land. Ein Dorf heißt dort ganz einfach – Niemandsort. Ich glaube, es hieß früher Langenbrück oder Langenau oder was. Na ja, ich werde in meinem Leben nicht mehr dorthin kehren. Aber ich bin ärgerlich, dass ich mitgefahren bin."
Ihre Faust schlägt auf den Tisch. „Das sah so aus, wie es aussieht, wenn die Zwieblichs hierher kommen und alles begucken."
Karel kann nicht mitreden, wenn Anna erzählt. Er geht aus der Küche und kommt mit großen Bildern beladen zurück.

Seinem offenen Gesicht ist anzumerken, dass er ab jetzt Anna mit ihrem politischen Gerede beiseite schieben will.
Karel malt. Die Natur ist sein Motiv. Die Farben sind wenig gemischt. Der große Hirsch in Öl auf Leinwand sieht aber in Annas Küche nicht kitschig aus. Unkräuter werden Blumen und der Wald zeigt seine abweisende Finsternis. Wir betrachten und staunen. Karel freut sich über unsere Aufmerksamkeit und greift zum Akkordeon, das auf seiner Couch liegt. Wir kennen die Melodien nicht. Slawische Wehmut wechselt mit heiteren Klängen. Karel singt dazu. Die große Küche ist erfüllt von seinem Lied und seiner Freude.

Anna sitzt jetzt abseits. Sie schaut ihren Mann nicht an. Sie musste lange warten, bis sie in Deutsch mit Deutschen von ihren Sorgen über Deutschland reden konnte.
Karel nimmt den Beifall mit blitzenden Augen entgegen. Er ist trotz seiner Jahre ein schöner Mann.
Anna sieht das auch. „Er schläft noch immer ab und zu unten in Bärnwalde", sagt sie vorwurfsvoll in unseren Beifall hinein. Sie benutzt den deutschen Namen für Neratov.
„In diesen Zeiten werde ich hier oben noch ermordet, wenn ich so allein bin!"
Den letzten Satz übersetzt sie ihrem Mann, der die Drohung wohl schon kennt. Wir räumen das Geschirr zum Spülstein, Anna schüttet für uns einen dicken Klumpen des fetten Quarks in eine Plastetüte. Wir merken, sie hat sich noch nicht ausgesprochen.
„Übermorgen schauen wir wieder bei euch vorbei", versprechen wir.

Der Weg zu unserem Ferienhaus führt am Berghang entlang. Wir kennen hier jedes Haus, jede Familie. Es gibt nur wenige. Die meisten leben eigentlich in Prag. Sie nutzen die großen, jahrhundertealten Häuser im Urlaub, an den Wochenenden oder als Alterssitz.
Als die deutschen Dorfbewohner von Bärnwalde nach dem Krieg ihre Heimat verlassen mussten, blieben die Häuser mit

ihren ungeschriebenen Familiengeschichten und allem Hausrat zurück. Manche der Häuser wurden vom Staat an Tschechen verkauft. Sie haben sich die alten Höfe zueigen gemacht, indem sie sie erhalten haben mit tschechischem Fleiß, Handwerkskunst und Traditionsbewusstsein. Die steinernen Heiligenfiguren an den Kreuzwegen und vor den Höfen beschützen nun schon seit langem die tschechischen Bewohner. Aber die meisten Häuser verfielen damals. Trotz der Dämmerung sehen wir die alten Hausstellen. Es sind nur noch Reste von einst mächtigen Fundamenten aus Feldsteinen zu erkennen. Die Natur hat sich in den fünfzig Jahren die Steine zurückgeholt und mit Moos, Wildkräutern und Bäumen überwuchert. So manches Kellergewölbe haben wir vor Jahren erkundet und uns vorgestellt, wie das Haus darauf wohl ausgesehen haben mag. Ich habe mir nie vorgestellt, was mit den Menschen geschehen ist.

„Weiß eigentlich jemand von euch, was aus der deutschen Familie geworden ist, der früher unser Ferienhaus gehört hat?"
Nein, keiner weiß es und keiner hat jemals danach gefragt.
Übermorgen fragen wir Anna. Aber sie kann uns nur den Namen nennen. Von der Familie hat auch sie nie wieder etwas gehört.

Tonis Lebenshilfe:

Bei vollem Mondschein fahren wir mit Toni auf der kurvenreichen Landstraße nach Hause. Er beobachtet den Mond und kann sich nicht erklären, warum der Mond mal rechts, mal links durch das Autofenster scheint. „Oma, hat der Mond Beine?"
Wie soll ich ihm erklären, dass es immer vom eigenen Standort abhängt, wie man die Dinge sieht?!

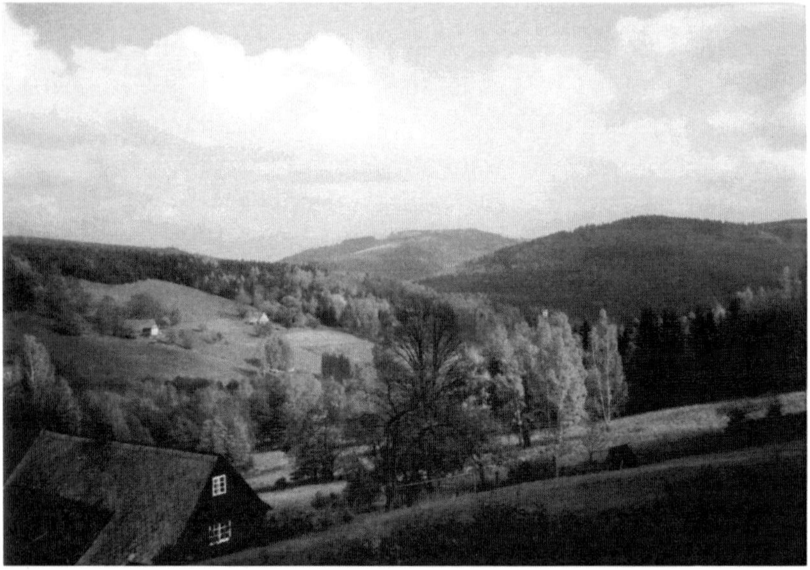

Die Dienste arbeiten überall (2000)

Die Zeit ist vorbei, in der ich noch Angst vor dem Briefkasten hatte.
Alles, was ich an Kündigungen und Absagen in den letzten Jahren aus ihm herausholen musste, liegt irgendwo. Diese Schmerzen fühle ich nicht mehr.
Aber heute hat mich ein schwarz umrandeter Brief erreicht; aus Dresden. Noch am Gartenzaun reißen meine wissenden Finger den Umschlag auf.
„Seine Träume blieben in Afrika", lese ich.
Ach, zu spät! Seit Monaten wollten wir Hans anrufen und haben es nie vermocht. Den Sommer wollte er zu Hause verbringen, so wie auch vor einem Jahr.
Damals kam Joachim die Idee, einige Literaturhinweise von Hans zu erbitten. Afrikanische Völker, das war doch sein Gebiet!
Ein typisch Joachimscher Gedanke, dachte ich. „Wir müssen doch nicht so weit ausholen. Zu Hans haben wir seit acht Jahren keinen Kontakt und in der Bibliothek finden wir allemal Material für die eine Seite im Schulbuch. Das geht schneller und ist effektiver!"
Aber irgendetwas reizte Joachim, die Spur zu Hans aufzunehmen.
„Er freut sich auf uns", hörte ich schon wenige Stunden später. „Wir werden ihn am Donnerstag in Dresden besuchen."
Also gut, wenden wir einen ganzen Tag auf für einige von Hans persönlich übergebene Literaturhinweise. Dresden ist schön. Ich war lange nicht dort. Sehen wir es als Ausflug an!

Auf der dreistündigen Fahrt wappne ich mich. Ich will keine deprimierenden Berichte mehr über die Zeit nach 1990 hören! Sie gleichen sich so sehr.
In Dresden finden wir ohne Schwierigkeiten in der breiten Allee mit Plattenbauten die Adresse von Hans. „Prof." steht auf seinem Namensschild.

„War er das damals schon?", frage ich Joachim zweifelnd. Hans begrüßt uns mit festen Umarmungen und lauten herzlichen Worten. Ich betrachte ihn ein wenig erschrocken. Er war mir anders in Erinnerung; schlanker, jünger, beweglicher. Seine braunen Augen blitzen aber wie früher; verschmitzt, warmherzig, aufmerksam.

Sein aufgeschwemmter Körper ist ständig in Bewegung. Die Hände zittern vor Aufregung.

Hans zeigt uns zunächst die Wohnung, so wie es früher üblich war. Wir haben auch die Straßenschuhe ausgezogen, so wie man es eben früher machte.

An der Tür zu seinem Arbeitszimmer klebt ein wenig schief ein nicht ganz ernst zu nehmendes handgeschriebenes Schildchen: „Prof. Dr. Hans Eile".

„Wann bist du eigentlich Professor geworden, Hans?"

„Erzähle ich gleich." Wieder das verschmitzte glückliche Lachen.

Die Zimmer sind liebevoll mit vielen Büchern und afrikanischer Kunst eingerichtet. Hans muss wieder eine Frau haben, stelle ich für mich fest. Alles ist gepflegt und Hans sieht zufrieden aus.

Also erwartet uns kein Verliererbericht. Meine Beklemmung schwindet.

Wir nehmen am Tisch Platz. Hans hat sich auf unseren Besuch vorbereitet: Brötchen, Johannisbeersaft, Bücher, die gewünschte Literaturliste neben meinem Teller.

Als Gastgeber fragt er zunächst, wie es uns ergangen ist.

Wir halten unseren Bericht kurz, denn wir merken, Hans hat mehr zu erzählen. Außerdem weiß er schon, dass Joachim für einen Verlag im Außendienst arbeitet und ich als erwerbsunfähig gelte.

Der Anfang seines Berichtes ist unserem Erleben sehr nahe. Er war unendlich traurig, sagt Hans, als er „abgewickelt" wurde. Tief deprimiert. Was sollte er anfangen mit all seinem Wissen über Lebensformen der Naturvölker?

Dann aber begann für ihn ein Märchen.

Es war einmal ein Klopfen an der Tür zu hören, so erzählt er, und ein Mitarbeiter vom Deutschen Akademischen Austauschdienst trat ein und bot ihm an, an die Universität in Kampala zu gehen. Nach Afrika, seinem Traum! Sofort entschloss er sich dazu, und als er in Kampala ankam, hatte die Universitätsleitung keine Arbeit für ihn. Voller Eifer stellte er selbst ein Lehr- und Forschungsprogramm auf. Die viele Freizeit verbrachte er oft lesend auf den Bänken des Campus. Eines Tages setzte sich ein älterer Mann zu ihm. Sie kamen auf Englisch ins Gespräch und stellten bald fest, beide kommen aus Europa. Tatsächlich, beide leben eigentlich in der Bundesrepublik Deutschland, einer in Dresden, einer in Bonn. Jeder kreiste freundlich und aufgeschlossen den zufälligen Gesprächspartner ein.

„Ich bin Ethnologe, ehemals DDR."

„Ich bin der zukünftige Botschafter hier."

Die Bankbekanntschaft der zwei Ungleichen im fernen Afrika, so weit vom zerstörerischen Gezänk in Deutschland entfernt, wird zur Freundschaft.

Hans fliegt nun Jahr für Jahr im Herbst mit den Zugvögeln in den Süden. Seine Lehrveranstaltungen finden Anklang. Irgendwann befragt ihn wohlwollend der Rektor, ob er noch einen Wunsch hätte. Hans antwortet freimütig: „Machen Sie mich zum Professor."

Er wird es. Hans im Glück. So ist das keinem unserer Kollegen nach 1990 gelungen! Wir lachen mit ihm zusammen.

„Weißt du, Joachim, dass ich deinetwegen nicht bei uns zum Professor berufen wurde?"

„Nanu, warum denn nicht?"

„Es war damals nur eine Berufung bei den Gesellschaftswissenschaften möglich, und die bekamst du wegen deines hohen Amtes."

„Wusste ich nicht! Ganz ehrlich. Ist ja ein Ding! Wir beide; nein, du oder ich! Davon hatte ich keine Ahnung."

„Weiß ich, war dir ja auch nicht böse."

Hans kramt mit zitternden Händen in seiner abgegriffenen Brieftasche der „Interflug". Ich benutze meine auch noch. Nur die roten Socken, die bei der „Interflug" auf weiten Flügen ausgeteilt wurden, habe ich inzwischen weggeworfen.
Aus der Brieftasche zieht Hans einen Zeitungsausschnitt hervor. Ich betrachte ungläubig das Foto: Der Präsident der Bundesrepublik Deutschland zusammen mit dem kundigen Ethnologen Hans an den Quellen des Nils.
„Ich habe ihn begleitet. Sehr angenehm, sympathisch", höre ich Hans sagen.
Ich sehe neben dem Zeitungsfoto andere kleinere Zeitungsausschnitte liegen, die er uns noch nicht zeigt.

Hans fordert uns auf, das kleine Frühstück einzunehmen, und wir trinken mit Saft auf unser gemeinsames Wohl und auf die langen schönen Jahre an unserer Universität.
„Ach, Joachim, ich habe mich so gefreut, als du angerufen hast! Ich war anfangs sprachlos, hast du's bemerkt, ja?! Ich muss dir doch erklären, was damals in Rom war."
Joachim und ich sind belustigt und winken ab. Es ist ja so viele Jahre her. Die Erklärung haben wir schon lange selbst gefunden.
„Doch, doch. Lasst mich! Ich konnte nichts sagen. Das war mir noch nie passiert. Ich wurde um die halbe Welt geschickt und treffe in Rom auf dem Flugplatz einen, der mich nicht kennen darf. Ausgerechnet Dich, den Direktor für internationale Beziehungen der Uni! Ich traf sonst nie jemanden! Doch, den Archivar, immer in Westberlin. Aber wir beide mit gleichem Auftrag, da sieht man sich eben nicht! Du aber bist auf mich zugestürzt und hast laut meinen Namen gerufen. Ich durfte nicht reagieren. Verstehst du? Wusstest du das nicht? Warst du nicht eingeweiht in diese Dinge?"
„Nein, war ich nicht. Damals habe ich mich an die Stirn gefasst und mich gefragt, ob ich verrückt sei. Denn ich hätte ja

eigentlich wissen müssen, ob du im Ausland bist. Alle Anträge gingen über meinen Tisch. Dachte ich! Erst zu Hause habe ich begriffen, was dein Verhalten womöglich zu bedeuten hatte."
Jetzt legt Hans die zwei kleinen Zeitungsausschnitte neben das Bild von ihm und dem Präsidenten. Sie sind älteren Datums, sehe ich. Den einen Artikel erkenne ich. Vor mehreren Jahren hatte ich in einer Tageszeitung von einem Prozess gegen einen „MfS-Agenten" gelesen. Ein Ethnologe. Aber an Hans hatte ich nicht gedacht.
Die zweite Notiz hatte Hans aus einer bayerischen Zeitung ausgeschnitten.
„Es gab Verräter unter unseren Generälen. Ich hatte einen Prozess in Westdeutschland", sagt er.
Wir lesen: verurteilt zu einem Jahr Bewährung und einer Geldstrafe von 8 000 DM.
„Ein letzter Satz dazu: Mein Chef an der Uni, ihr kennt ihn ja, hatte mich geworben, schon im ersten Studienjahr. Warum auch nicht?! Das ist eine Ewigkeit her. Im Übrigen – die Dienste arbeiten überall!"
Hans sieht uns forschend an. In meinem Kopf drängen sich Fragen, aber ich lasse keine über die Lippen.
Ich kann mir den Hintergrund des Märchens selbst erhellen.

„Kommt doch mit nach Sansibar. Wir können dort im nächsten Jahr einen herrlichen Urlaub verbringen! Ich lade euch ein."
Der Wechsel des Themas geleitet mich zum Ende des Märchens. Eigentlich könnten wir den Plan wahr machen. Wir müssten es nur wagen! Aber wir wagen es nicht. Wir sind in die Rahmenhandlung nicht eingeschlossen. Also lassen wir es. Die Idee bleibt monatelang lebendig und wärmt mich trügerisch.

Nun ist für ihn alles vorbei; Angst und Hoffnung, Trauer und Freude.
Wir hätten ihn noch einmal anrufen müssen! Aber eigentlich war unser Wiedersehen in Dresden schon ein Abschiednehmen von einem Teil des alten Lebens.

Tonis Lebenshilfe:

Toni knetet einen Mann. Der Körper ist fertig. Nun muss das Gesicht Augen, Nase und Mund erhalten. Die Kugel als Kopfteil wird kräftig bearbeitet. Auch ein Hut wird mit Druck aufgesetzt. Überrascht schreit Toni auf: Die Beine sind kurz und dick geworden, kaum noch zu erkennen.

„Dann ist es eben ein Schneemann geworden", erläutert er mir zufrieden die Metamorphose.

Wonnenberg (2001)

Sehr spät erst habe ich die Erotik des Wortes „Wonnenberg" entdeckt. Es war für mich immer nur der geläufige Geburtsname meiner Mutter.
Sie, die alles wusste, alles konnte, gab mir auf die Frage, wo der Name seinen Ursprung habe, folgende Antwort:
Die Vorfahren ihres Großvaters Emil Wonnenberg lebten in Saalfeld, das südlich von Elbing in Ostpreußen lag. Jahrhunderte zuvor hatten die aus Thüringen nach Osten gekommenen Siedler ihren vertrauten Ortsnamen Saalfeld nun auch dem neuen Siedlungsgebiet gegeben. Aus der Familie, die im Umkreis des thüringischen Saalfelds nahe am Venusberg gelebt hatte, wurden in dem neuen Saalfeld die Wonnenbergs.
Mutter war achtzig Jahre alt, als sie mir diese Erklärung gab. In meinen Atlanten suchte ich den Venusberg in Thüringen vergebens. Ich nehme an, dass er die zarte Form eines weiblichen Hügelchens hat und deshalb nicht als Erhebung in Landkarten gekennzeichnet ist. Aber ich fand einen Hinweis auf einen Venusberg, in dessen Nähe Porzellanerde abgebaut wird. Es gibt ihn also, und die Herkunft des Namens ist somit für mich verbürgt.
Meine Mutter.
Mutti, sagte ich zu ihr. Sie zog in ein Altenheim in unserer Nähe, als sie wegen der üblich gewordenen und gefürchteten Eigentümerwechsel ihr Zuhause in Potsdam verlassen musste. Sie nahm es hin. Aber als sie hörte, dass die Waldhütte uns nicht mehr gehören sollte, weil eine Alteigentümerin Anspruch auf das Land erhoben hatte, meinte sie spontan, sie würde unser Refugium abbrennen. Sie sei so alt; ihr könnte nichts mehr geschehen.
Die Alteigentümerin bekam ihr Land zurück und mit ihm alles, was wir dort gebaut, gepflanzt, gehegt und geliebt hatten. Zu ihrem achtzigsten Geburtstag wünschte Mutti sich noch eine Anzahl von Lebensjahren, weil sie uns drei Kinder mit ihren Familien „ein weiteres Stückchen begleiten und beschüt-

zen" wollte. Sie hatte Angst um uns alle, um unsere Zukunft. Sie konnte die Veränderungen nicht fassen und ihre Gedanken gingen langsam verschobene Wege.

Aber noch sprach sie über ihre Empfindungen.

An einem Wintertag, als die Morgenröte durch die Bäume schien, bewunderte Mutti sie von ihrem Fenster aus, als ich sie anrief. Sie sprach von der „rosenfingrigen Eos", die ihr den Tagesbeginn verschönte.

An einem Sommertag erfuhr sie nach langem quälendem Warten, es gäbe endlich ein Lebenszeichen von ihrem umher wandernden Enkel. Bei unserem abendlichen Gespräch hörte ich ihre Erlösung: „Ich werde endlich gut schlafen, weil ich jetzt weiß, dass er noch am Leben ist."

An einem Herbsttag fuhren wir mit ihr zu Erna Roder nach Kienitz an der Oder. Die alte Pfarrerswitwe lebte in der Kirche, deren Dach sie reparieren lassen wollte. Nur fehlte ihr dazu das Geld. Sie sammelte die alten, herunter gefallenen Ziegel auf, bemalte sie mit Ölfarbe, um sie zu verkaufen. Im weiten Umkreis des Oderbruchs hatte sie sich einen Namen als talentierte naive Malerin gemacht. Auf Ausstellungen hatten wir einige Bilder und bemalte Ziegel von ihr erworben. Nun saßen die beiden gleichaltrigen Frauen am Tisch im großen, kramigen Wohnzimmer und spannen einen gemeinsamen Faden – meine schöne, zarte Mutter und die robuste, praktische Krankenschwester von einst. Mutti bewunderte die Kunstfertigkeit von Erna Roder und diese entnahm aus den Fragen ihrer Gesprächspartnerin Klugheit und Anteilnahme. Sie verabschiedeten sich mit der Vertrautheit von Freundinnen.

An manchen Tagen fühlte sich Mutti elend. Sie brauchte es mir nicht zu sagen. Die Worte fand sie dann ganz langsam und sie sprach leise und lieb. Ihr Gesicht war dabei erschreckend ausdruckslos.

An anderen Tagen erzählte sie bewegt Begebenheiten aus ihrem Leben, mit denen sie innerlich nicht zu einem Abschluss gekommen war: So hatte sie Anfang der fünfziger Jahre einen langen Antrag für die Aufnahme in die SED formuliert. Am

Abend der Parteiversammlung, auf der sie den Antrag vortragen wollte, verabschiedete sie sich von uns Kindern in festlicher Stimmung. Für uns muss es ungewöhnlich gewesen sein, dass nicht sie, sondern unser Vater zu Hause blieb. Es vergingen Wochen. Wir werden nichts von der inneren Spannung unserer Mutter bemerkt haben. Eines Tages wurde sie auf der Straße von der Parteisekretärin der Wohngruppe ganz nebenbei und eilig angesprochen. Der Antrag sei weder so noch so entschieden worden. Sie käme nicht aus der Arbeiterklasse, sondern aus der Bourgeoisie. Die Statistik müsste beachtet werden.

Es fiel nie wieder ein Wort über Muttis Antrag. „Vielleicht war es gut so", beendete Mutti ihre unvollendete Geschichte. Sie blieb in der aparten Stellung im Kreis von Vaters Genossen.

Lotte Ulbricht, für die Mutti selbstverständlich in der Partei war, lachte ungläubig, als Mutti einmal im Gespräch „Herrn Herrnstadt" erwähnte und nicht vom „Genossen Rudolf" sprach.

Dieses Fürsich- und Alleinstehen blieb, von ihr ungewollt, lebenslang.

Auf einem Kalender entdeckte ich bestürzt ihren Vermerk „Wieder allein!!!" Das war ein heimlicher Vorwurf an ihre Kinder. Sie fand unter ihren Mitbewohnern des Heimes keine Gesprächspartner. Sie bemühte sich ernsthaft und liebenswürdig. Eine Schwester sagte mir, eine gewisse Arroganz sei nicht zu übersehen. Ach, wie falsch das war. Mutti war schüchtern. Aber sie sagte mir selbst, dass ihre Zeit zu kostbar sei, um sich von Frau Schmidt zum zehnten Mal anzuhören, wie sie den Sauerbraten angerichtet hat. Sie ging auch nicht zu den Veranstaltungen mit dem Alleinunterhalter und seiner Schunkelmusik. So blieb sie allein.

Als ich sie einmal besuchte, lag ihr Fotoalbum aufgeschlagen auf dem Tisch. Mutti bemühte sich, ein vom Alter gebrochenes Foto von der Rückseite mit einem Klebestreifen zusammen zu fügen. Sie drehte es wieder um und ich sah eine Schar junger Mädchen auf einer Treppe stehend in die Kamera schauen.

Es ist ein schwarz-weißes Klassenbild mit vielen Grautönen. Zwei Lehrer stehen am Rand der Gruppe. Einige Mädchen neigen die Köpfe zu ihren Freundinnen, berühren sich an den Armen und fast alle zeigen ein kleines Lächeln um den Mund. Das Mädchen Ursula Wonnenberg steht in der Mitte der zweiten Reihe. Auch sie lächelt. Die Enden ihrer langen blonden Zöpfe sind nicht zu sehen. Ihre Freundin Inge zeigt ein abweisend ernstes Gesicht.
Ich sah in Muttis trauriges Gesicht, das sich über das Bild gebeugt in Weinen auflösen wollte. Inge lebte seit einem Jahr nicht mehr. Mutti vermisste ihre einfühlsamen Briefe. Aber sie zeigte nicht auf Inge, um mir den Grund ihrer Trauer zu erklären, sondern auf zwei Mädchen in der ersten Reihe und eins im Hintergrund.
„Ich habe bis heute nie mehr an sie gedacht und jetzt überfällt mich alles. Ich kann nichts mehr ungeschehen machen. Wie konnte das nur passieren?!" Den letzten Satz sprach sie oft aus. Ich kannte ihn, ich höre noch ihre ungeduldige Stimme dazu. Das war ihr Anfang, Dingen auf den Grund zu gehen:
Es war in ihrem letzten Schuljahr vor dem Abitur, im Winter 1933 / 1934. In einer Unterrichtsstunde gingen die Mädchen einzeln an die Tafel und schrieben die Summe an, die sie für die Winterhilfe spenden wollten. Sie zelebrierten feierlich zum ersten Mal diese Aktion für „bedürftige Volksgenossen", eine nach der anderen. Als Annemone Weinberg nach vorne ging, verstellte ihr ein BDM-Mädchen den Weg. Sie dürfe sich nicht an der Winterhilfe beteiligen. Es sei eine „blutmäßig ewig begründete Hilfe" und davon sei sie als Jüdin ausgeschlossen. Keiner schritt ein. Annemone Weinberg ging zurück auf ihren Platz. Ursula Wonnenberg blieb reglos auf ihrem Platz sitzen. Erst fünfundsechzig Jahre später weinte sie darüber. Auch darüber, dass es ihr gar nicht aufgefallen war, dass die drei jüdischen Mädchen die Schule ohne Abitur verlassen hatten. Sie fehlten ihr nicht. Irgendwie hatte sie sich an die leeren Stühle gewöhnt. Vielleicht waren diese auch aus dem Klassenzimmer entfernt worden. Sie weinte als alte Frau, weil sie nie darüber

nachgedacht hatte, ob ihre drei Schulkameradinnen die grauenhafte Zeit überleben konnten oder ob sie umgekommen waren.
Das Foto blieb wochenlang auf dem Tisch liegen, um es immer wieder mit Trauer und Selbstvorwürfen in die Hand zu nehmen. Später fand ich es in Muttis Tagebuch wieder.
Oft verdunkelte sich ihr Gemüt, manchmal war sie auch hocherfreut. So meinte sie irgendwann, die Uhr gefunden zu haben, die ihre Großeltern ihr 1928 geschenkt hatten. Alle Jahre trug sie diese um ihr Handgelenk, aber nun hatte sie die Uhr nach langer Zeit wieder wahrgenommen. Es war ein Geschenk zur Jugendweihe; nicht zu einer Konfirmation. Schon Muttis Großvater war ein „Dissident". So steht es auf seiner Sterbeurkunde vom Januar 1914.
Als ich einmal ein Foto von ihrem im Krieg gefallenen Bruder von der Wand nahm und es ihr reichte, sagte sie schmerzlich berührt: „Wie konnte ich Dich so lange vergessen?!"
Sie hatte Sehnsucht nach ihm und nach Vater und Mutter.
Es trieb sie eine ungeahnte Kraft zum Bahnhof, die steilen Treppen nach oben zum Zug, um zum Ostbahnhof zu ihren Eltern zu fahren. Die Straße mit der elterlichen Wohnung gibt es nicht mehr. Wir wurden von der Polizei benachrichtigt und holten Mutti ab. Sie war aufgeregt und widersprach der unbedachten Bemerkung, ihre Eltern seien doch schon lange nicht mehr am Leben. Sie schlug sich mit der Hand auf die Brust und sagte empört, in ihrem Herzen seien sie doch noch immer.
Irgendwann wurde Mutti „begutachtet". Sie erhielt auf der Pflegestation ein Bett. Wir räumten ihre kleine separate Wohnung aus, die sie mal als hübsches Domizil, mal als kleine Buchte benannt hatte. In den Büchern, in den Schubladen fand ich ihre letzten schriftlichen Äußerungen, geschrieben auf Zeitungsrändern, Zettelchen und Briefumschlägen:

„Übernehme jede Arbeit, Eure Ursel."

„40 schöne Jahre wurden uns geschenkt.

1937 im Juli mit Mutti bei Bandemers auf Hiddensee gelandet.
Deine Augen, Liebster, haben mich nicht mehr losgelassen.
Ich saß im Strandkorb, während Mutti Mittagsschläfchen hielt.
Du klapptest die Hand gegen das Sinngedicht mit den Worten
‚Was lesen Sie denn da?'
Auf den Tag ein Jahr später wurden wir in der kleinen Kirche getraut."

„Geboren am 9.XII.1914 in Berlin.
Bis jetzt gewohnt bei den Eltern im Ostteil von Berlin.
Schulbildung am Gymnasium zum Grauen Kloster, auch mit dem Fach der altgriechischen Sprache,
würde auch Nachhilfe ohne Entgelt übernehmen.
Nach dem Abitur bei Prof. Gocht Ausbildung in der Orthopädie.
Arbeite sehr gern mit kleinen Kindern, zum Beispiel Musikgeschichte.-
Für eine baldige Antwort wäre ich Ihnen sehr dankbar.
Ursula Scheele, geb. Wonnenberg (verwitwet), Ursula Scheele, geborene Wonnenberg."

Ich fuhr zur Pflegestation, ging durch den langen, grün gestrichenen Gang, der mit bunten Bändern geschmückt war. Auf den Stühlen saßen schweigsame, in sich zusammen gefallene alte Leute mit bunten Hüten. Fastnacht! Zwei Frauen hielten sich an den Händen.
Mutti fand ich allein im Speisesaal, das Gesicht der kalten, grellen Februarsonne hilflos ausgesetzt. Sie umklammerte ihre schwarze Tasche auf ihrem Schoß. Am Stuhl lehnte ein hässlicher Stock, der nicht ihrer war.
Sie freute sich wie erlöst: „Ein Glück, dass Du kommst!" Wir gingen in ihr Zimmer, das sie allein nicht fand. Aber ein Hütchen hatte sie strikt abgelehnt. Sie setzte sich auf den Bettrand und bewunderte die zarten Wolken, den blauen Himmel und ihre Blumentöpfe am Fenster. Sie führte mich vor ihre beiden

Bodensee-Gemälde von Rudolf Sieck und zeigte mir, dass das Gras im Garten am Ufer des Sees schon grüner würde, die Äpfel an den Bäumen bald klarer zu sehen seien und seit Tagen schon die Gewitterwolken die blühenden Kirschbäume bedrohten.

Auf einem achtlos geöffneten Briefumschlag fand ich ihre letzte Nachricht:
„Es tut mir so weh, mich nicht mit Küsschen von Euch verabschieden zu können.
Ich habe Euch alle so lieb gehabt.
Bleibt gesund.
Gebt mir bitte das Kellersche Sinngedicht mit ins Grab.
Dadurch habe ich Vati kennengelernt und lieben.-
Bleibt alle gesund und denkt ab und zu an mich, an Eure Omi."

Tonis Lebenshilfe:

Noch eine Woche nach dem Opernbesuch „Hänsel und Gretel" reagierte Toni, wenn er gerufen wurde, nur auf den Namen Gretel. Er wollte so stark sein wie sie.

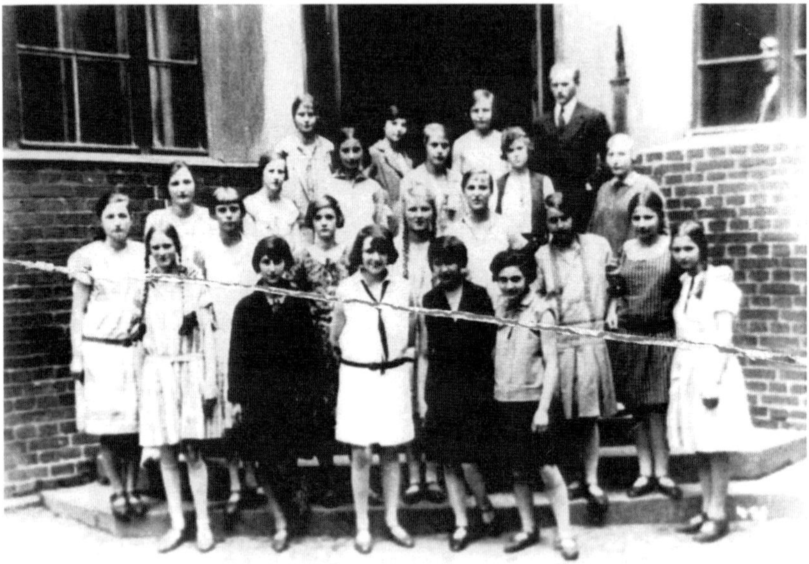

Goldgräber in der Georgenstraße (2002)

Ich sah keine Tristesse. Wenn ich morgens am Bahnhof Friedrichstraße nach links in die Georgenstraße ging, roch ich das Umfeld der Kneipe „Franziskaner", ließ mich begleiten von den kriegsversehrten S-Bahnbögen, denen ich gedankenlos kein Innenleben zugestand, und strebte über die Planck- und Universitätsstraße zum Hof meiner Arbeitsstätte. Nie wuchs in mir der Wunsch, die Narben der alten Gebäude mit Camouflage überdeckt zu sehen. Zu dicht lebte ich am Krieg. Die Schrecken der Sirenen und Bomben waren in mir geblieben, und so waren eben auch die Einschusslöcher in den Bauwerken noch zu sehen. Sie kamen mir immer wieder vor die Augen. Es gab kein Erschrecken mehr, aber auch kein Überspringen von unliebsamen Zeiten. Sie gehörten zur Abfolge meiner Lebensjahre.

Ich mochte das alte, von Kriegsschäden versehrte Berlin. Ich kannte kein anderes. Es war seit der Kindheit voller Geschichten, die unsere Mutter bei weiten Spaziergängen durch das zerstörte alte Berlin erzählt hatte: vom Krögel mit seiner Sonnenuhr, der Nikolaikirche, in der die Urgroßeltern getraut worden waren, dem Fischerkietz mit seinen kleinen Gassen, der Petrikirche auf dem Geburtsplatz Berlins, dem Grauen Kloster, Mutters geliebter Schule, dem Schloss, das sie zu protzig fand.

Auf einer Kunstausstellung in Dresden sah ich 1982 ein Bild vom Nikolaiviertel, so wie ich es kannte; düster, unwohnlich, backsteinrote Fabrikgebäude, leere, schwarze Fenster, altersgraue Brandwände der hohen Häuser, das befestigte Ufer der Spree. Manfred Butzmann hatte seine farbige Lithographie „Berliner Türme" genannt. Das war optimistisch. Bild und Titel gefielen mir. Ich kaufte es. Neben einem Fabrikschlot ragt die patinagrüne Spitze der Marienkirche hervor, steht der ziegelrote Rathausturm vor dem Schaft des Fernsehriesen und befinden sich die zerstörten Türme von St. Nikolai im Wiederaufbau. Über allem liegt ein schwerer grauer Himmel.

In den darauf folgenden Jahren änderte sich auf meinem Arbeitsweg von der Friedrichstraße zur Universitätsstraße kaum etwas. Irgendwann gab es den „Franziskaner" nicht mehr. Eine moderne Post zog in den S-Bahnbogen ein. Daneben wurde ein „Intershop" eröffnet, der mir verschlossen blieb. Dann aber fiel eine Veränderung nach der anderen über mich her und ich sah plötzlich auch die geöffneten riesigen Freiräume in den S-Bahnbögen der Georgenstraße. Wofür waren sie vorher genutzt worden; als Garagen und Lagerräume? All das Neue war kaum zu bewältigen, trotzdem sah ich voller Neugier die Veränderungen auf meinem Arbeitsweg. Noch ging ich dort Tag für Tag entlang.

Auch die Arbeit war mit Veränderungen überladen: Mein Fachgebiet nahm den bundesdeutschen Namen an, das Kürzel BRD sollte nicht mehr verwendet werden, ich wurde unterwiesen, in welchem Millimeterabstand vom Rand Briefumschläge zu beschriften seien, wie man Überweisungsformulare auszufüllen habe und ähnliche Formalitäten, deren Gewichtung ich noch unterschätzte.

Eines Tages waren die Bäuche der denkmalgeschützten S-Bahnbögen in der Georgenstraße wie von Zauberhand gefüllt. Es präsentierte sich vom Bahnhof Friedrichstraße bis zum Kupfergraben eine Reihe von Restaurants und Antiquitätenläden. Die letzteren zogen mich magisch an. Ähnliches hatte ich bisher nur in Prag gesehen. Ich blieb an den Schaufenstern stehen, sah Schmuck, kostbares Porzellan, Leuchter, Uhren, Möbel und Gemälde. Immer wieder schaute ich mir die Auslagen an. Ich brauchte nichts davon, aber die ungewohnte Schönheit alter Dinge faszinierte mich.

Zuhause hatte ich meinen mehr als hundertjährigen Sekretär, von dem ich annehmen konnte, dass Umsiedler ihn aus dem Gutshaus derer von Oppen für ihre wenigen Bündel Hauswäsche herausgeholt hatten. Von meinen Großeltern hatte ich einige schöne Dinge übernommen. Ich brauchte nichts aus fremden Haushalten. Die damit verbundenen unbekannten Menschenleben würden mich beunruhigen.

Als ich diese Erkenntnis im Inneren versiegelt hatte, ging ich sicher vor Verführung über die Schwelle in das Innere der S-Bahnbögen. Dabei hatte ich nicht bedacht, dass ich seit Jahren anfällig war für Gemälde, die mich an Geschichte und Geschichten erinnerten. Vor einem Bild blieb ich stehen. Ein glatter breiter Goldrahmen umfasste eine blaugraue Stadtlandschaft, die mir sehr bekannt vorkam. An einem Kai ruhten abgetakelte Segelboote. Dahinter erhob sich die Silhouette einer nordischen Stadt; ein Dom mit Kuppeldach, klassizistische Gebäude. Die hohen Masten der Schiffe wiederholten sich im Abbild himmelhoch ragender Kirchtürme. Steinerne Treppen führten vom Kai hinunter zum Fluss oder zum Meer. Das Bild schien mir mit Fettkreide gezeichnet. Es hing hoch oben an der Wand. Die Signatur konnte ich nicht entziffern. War es Helsinki, war es Leningrad? Beide Städte hatte ich im Sommer 1989 besucht. Es war eine unwirkliche Schiffsfahrt dorthin, losgelöst von Raum und Zeit. Auf der „Arkona" fehlte es an fast nichts. Jeden Morgen lag eine bunte Karte für den Tag auf dem Frühstückstisch, beschrieben mit einem Spruch, dem Wetterbericht, dem Ablauf des Tages und den köstlichen Speisefolgen. Aber es gab keinerlei Verbindung zum unruhigen Festland. Wenn wir im Salon sitzend auf die ruhige graue See sahen, fühlten wir uns völlig abgeschnitten von der Normalität.
Bei einem Morgengrauen gegen 3 Uhr standen wir an Deck und fuhren an der heldenhaften Festung Kronstadt vorbei. Uns ergriff Entsetzen, als wir die verrosteten, halb untergegangenen Schiffe der Baltischen Flotte sahen. Wie war das möglich? Die „Arkona" warf am Schweinekai von Leningrad Anker. Der für uns ursprünglich vorgesehene Anlegeplatz war westlichen Schiffen vorbehalten. Unten warteten viele Taxis auf Kundschaft. Wir hatten nicht viel Zeit. Der Fahrer brachte uns schnell und sicher ins Zentrum. Er bat uns um Schreibzeug für seine Kinder. Wir hatten leider nur die üblich gewünschten Kaugummis bei uns. Es war ein Sonntag. Auf dem Newski waren Armut und Schmutz nicht zu übersehen. In dem Park, in dem

Krylows Denkmal steht, hielten sich unzählige alkoholisierte Männer auf. Wenige Jahre zuvor hatten wir das Leningrad der Weißen Nächte mit wunderbaren Eindrücken verlassen. Wie hoffnungslos und verkommen wirkte jetzt alles! Nur die Silhouette der Stadt war unverändert schön. Wir fuhren bedrückt zum Schiff zurück.
Als der Landgang für Helsinki angesagt wurde, standen die Passagiere schon längst am Ausgang. Keiner wollte eine Minute versäumen. Der Markt am Anlegeplatz war eine Augenweide und weckte Wünsche. Dahinter erhob sich die Stadt wie ein klassizistisches Gemälde. Aber an der nächsten Ecke wurden wir von Mac Donald begrüßt; für uns fremd und abstoßend.
Durch die Schären ging die Schiffsfahrt bald zurück nach Warnemünde.
Was sah ich nun auf dem Bild im Antiquitätengeschäft? Ich konnte mich nicht entscheiden. Ich fragte auch keinen Verkäufer. Den Preis von über eintausend Deutscher Mark konnte ich nicht übersehen und so wandte ich mich von dem Bild ab. Aber es blieb in meinem Kopf. Ich erzählte im Familienkreis von der rätselhaften Stadt.
Es verging eine aufregende Zeit mit Unglück und Glück. Zu dem Glück zählten wir unseren Umzug in ein altes Haus. Zur Einweihung kam meine Schwester mit einem großformatigen Paket, das sie mir lächelnd überreichte. Es war das Gemälde mit der rätselhaften Stadt. Ich war überwältigt von der Großzügigkeit und schwesterlichen Liebe.
Bevor das Bild an einem der folgenden Tage seinen Platz bekam, betrachtete ich es sehr aufmerksam. Die Signatur unten links las ich als Ole Svenson. Das L im Vornamen war seltsamerweise kyrillisch geschrieben. Die Malart war nicht zu erkennen. Ich blieb bei der Meinung, es sei eine Fettstiftzeichnung. Ich stand mit meiner Schwester vor dem Bild. Sie merkte meine unausgesprochenen Zweifel. Nur wenige Tage später sagte sie mir beruhigt, sie habe mit der Dame im Antiquitätengeschäft gesprochen, die ihr versichert hätte, nur

echte Gemälde anzubieten. Sie war zufrieden damit. Ich auch; es war ein Geschenk.

Mehrere Jahre vergingen, bis ich den Wunsch äußerte, entspiegeltes Glas vor dem Bild zu haben. Bilderrahmen, Glas und Bild wurden in einer Werkstatt voneinander getrennt. Da lagen nun der verführerisch schöne Goldrahmen, das überflüssig gewordene Glas – und ein schlichtes Poster. Es war keine Enttäuschung, es war nur die Bestätigung eines Verdachts. Das Poster im Goldrahmen und mit neuem Glas kam wieder auf seinen Platz. Meiner Schwester sagte ich nichts von dem Betrug. Er war ein passendes Zeichen der neuen Zeit.

Immer, wenn ich auf dem Stuhl stehend, den Goldrahmen und das Bilderglas putze, muss ich je nach Stimmung lächelnd oder grimmig auf das Poster schauen.

So war das eben auch damals bei den Indianern und Afrikanern; Goldgräber mit Glasperlen, Branntwein und anderem Tand.

Tonis Lebenshilfe:

Alle feiern Silvester.
„Wo bist du denn über Silvester, Toni?"
„Bei Oma Dorle. Für null Dollar verborgt."

Die Nachbarin (2003)

Ab und zu bekomme ich abends Besuch. Das Telefon kündigt ihn an und zehn Minuten später sitzt meine Nachbarin neben mir. Es gibt kein Essen, oft kein Trinken, nur Worte hin zu mir, wenige von mir zu ihr.
Oft graut mir vor dem, was ich zu hören bekomme, von gequälten Kindern, Ungeheuern, die sich Vater und Mutter nennen. Die Täter bleiben für mich namenlos, aber nachts in meinen Träumen bekommen sie Gesichter, die mich martern.
Trotzdem bin ich froh, wenn meine Nachbarin kommt und davon spricht. Ihren letzten Monolog, den sie mir hielt, beendete sie mit unvermutet munterer Stimme: „Ich habe gerade gelesen, dass eine überdurchschnittlich hohe Anzahl von Richtern in psychotherapeutischer Behandlung ist."

Heute kommt sie wieder zu mir.

„Ich bin zufrieden", höre ich, „von den vierzehn Verfahren habe ich nur eins nicht abschließen können. Es waren lauter Owis, du weißt schon – Ordnungswidrigkeiten, keine Gewalt, kein Toter oder ähnlich Schreckliches. Aber ich bin trotzdem oft am Zweifeln.
Stell dir mal vor, ein Autofahrer ist mit hundertdreißig Sachen statt mit fünfzig bei einer Baustelle geblitzt worden. Ansonsten ist nichts passiert. Statt die überhöhte Geschwindigkeit zuzugeben, streitet er vehement alles ab. Offensichtlich hat sein Rechtsanwalt ihn so beraten. Dieser zweifelt auch im Gerichtssaal lautstark die Messgenauigkeit der Blitzer an und meint, sie würden wahrscheinlich nicht regelmäßig überprüft werden.
Der beschuldigte Fahrer versteigt sich auch noch zu der Behauptung, das Gerät könnte ja durch die Pressluftbohrer von der in der Nähe befindlichen Baustelle in Schwingung gebracht worden sein und deshalb mehr gemessen haben.
Ich hatte die Faxen dicke bei so viel Dreistigkeit.

Nun jedoch kommt mein Aber: Der Mann braucht das Auto, um zu seiner Arbeit zu kommen. Er wohnt in Kleinsiehstenicht und arbeitet in Berlin. Nehme ich ihm den Führerschein für zwei Monate weg, wie es das Gesetz vorsieht, verliert er seine Arbeit. Mit öffentlichen Verkehrsmitteln braucht er zweieinhalb Stunden für eine Tour und er muss ja auch erst zum Bahnhof kommen!
Was soll ich da machen? Ich kann ihm doch nicht die Arbeit nehmen! –
In einem anderen Fall kamen zwei Männer in den Verhandlungssaal. Einer sah aus wie der andere. Zwillinge. Einer von ihnen ist wegen zu schneller Fahrt geblitzt worden, nur wer? Einer beschuldigte den anderen. Dem Blitzerfoto nach hätte es sowohl der eine als auch der andere sein können. Das war schon eine fast lustige Situation. Aber sie gehörte nicht in meinen Saal, denn es muss ja erst einmal ermittelt werden. Irgendwann wird dann schon der Richtige vor mir stehen. Diese Akte konnte ich in kurzer Zeit beiseite legen, unvollendet."

„Ja, aber was ist nun mit dem aus Kleinsiehstenicht geworden?", werfe ich ein.

„Ich habe ihm schließlich doch den Führerschein entzogen. Er hat geweint; wegen seiner Arbeit. Es war kein junger Mann mehr. Ich fühlte mich schlecht. Ich habe ihm empfohlen, in der Nachbarschaft um Fahrhilfe bis zum Regionalbahnhof zu bitten oder Urlaub oder Freistellung zu nehmen. Er soll mit seinem Chef sprechen. Ob er seine Arbeit behalten kann, werde ich nicht erfahren.
Aber ich dachte an die blumengeschmückten Kreuze an den Straßen, an die beiden Jungs, die beide André hießen und wahrscheinlich mit großer Lust im Herzen leichtsinnig rasend an Bäumen den Tod fanden.
Man kann doch das Rasen nicht tolerieren, auch wenn bei dem Mann die Arbeit flöten geht, meine ich. Und du, was sagst du?"

„Nicht du hast ihm die Arbeit weggenommen. Vielleicht hat er Glück mit seinem Chef?!
Komm, lass die Tagessorgen ruhen. Trink den Ingwertee noch aus und dann begleite ich dich nach Hause."

Meine Nachbarin ist meine Tochter.

Tonis Lebenshilfe:

„Der Mond sieht aus wie Opas Schaukelstuhl. Wenn ich groß bin, hole ich mir eine Leiter und klettere auf den großen Baum und fasse den Mond an!"

Omchens Leben in ihrer Zeit (2004)

Am 3. Oktober 1879 ist mein Omchen – Margarete Fielitz – auf die Welt gekommen. Wir Enkel, Urenkel und Ururenkel treffen uns an ihrem 125. Geburtstag zu einem Familienfest in der Nähe des Geburtsortes Klandorf. Wir gehen in die Kirche, in der sie getauft wurde, fahren zu den anderen Orten, in denen sie einst lebte, besuchen die Häuser, die ihre Heimstatt waren.
Aber es gibt kein Grab mehr von Omchen.
Als die Mauer fiel, fuhr ich zum Friedhof an der Buschkrugallee und lief zur Grabstelle meiner Großeltern. Fast dreißig Jahre vorher war ich zum letzten Mal dort gewesen, noch gemeinsam mit Omchen, um den Efeu zu beschneiden, der das Grab ihres Mannes überwucherte. Nun stand ich erschrocken vor einem eingeebneten leeren Rechteck Erde. Das ist alles, was von einem Menschen bleibt?
Ich verweigerte dem Gedanken das Einnisten in meinen Kopf, denn die Erinnerungen an sie sind in uns Enkeln und den Urenkeln wach geblieben.
Mit Freude und Liebe sprechen wir am Abend unseres Familientreffens über ihr Leben. Wir lesen in ihren Briefen und tragen die von ihr geschriebenen Hochzeitsgedichte für ihre Söhne vor, reichen Fotos herum und hoffen, dass Omchen bei den schon fast erwachsenen Ururenkeln, die sie nie gesehen haben, nicht ganz in Vergessenheit gerät.
Alles, was mir aus ihrem Leben und ihrer Zeit wichtig erscheint, lese ich meiner Familie an diesem Abend des Erinnerns vor:

In Margaretes Geburtsjahr 1879 werden zahllose Ottos, Max', Alberts und Josefs geboren, von denen jeweils einer Weltruf erlangen kann, geehrt oder verdammt – die Nobelpreisträger Otto Hahn, Max von Laue, Albert Einstein – und im fernen Kaukasus Jossif Wissarionowitsch Dshugaschwili, genannt Stalin.

1879/80 geht im Deutschen Reich, das knapp neun Jahre alt ist, eine Wirtschaftsdepression zu Ende. Es beginnt die zweite Gründerära. Berlin – die Reichshauptstadt – wird Weltstadt. Margarete wächst zu ihrem Glück am nördlichen Rand der expandierenden Stadt auf, jenseits der Stadtgrenze. In Berlin jedoch wird das Mietskasernenelend geboren, in dem um 1880 jedes dritte Kind vor dem ersten Geburtstag stirbt. Am Wedding und am Prenzlauer Berg steht statistisch einem Menschen eine Wohnfläche von 4 qm zur Verfügung.
Vier Jahre bevor Margarete geboren wird, beginnt in Berlin der Bau der Kanalisation, ein segensreiches Großprojekt, das aber alle Abwässer auf die Rieselfelder zur Klärung leitet, auch in die Nähe von Margaretes idyllischem Wohnort Buch.

Von Margaretes Vater ist bekannt, dass er höchst verärgert dem Ruf des Grafen Voss an seine Untertanen folgt, zum Weihnachtsfest auf das Schloss zu kommen. Er versteht sich nicht als Untertan und abhängiger Kantor, sondern beharrt darauf, ein staatlich bestellter Lehrer zu sein. Als empfindsamem Zeitgenossen wird ihm nicht verborgen bleiben, dass seine Tochter in die Jahre der Bismarckschen Zuckerbrot-und-Peitsche-Politik hineingeboren worden ist: Die Anfänge der Sozialgesetzgebung mit der Krankenversicherung der Arbeiter sowie der Invaliditäts- und Altersversicherung flankieren das zwölfjährige Verbot der Sozialdemokratie, die 1890 so stark wie nie zuvor wieder in die Legalität geht.

Zu Omchens Geburtsjahr gehört auch das Buch von August Bebel „Die Frau und der Sozialismus". Es erscheint zum ersten Mal. Die Frauenfrage beschäftigt die Öffentlichkeit sehr; Frauenvereine werden allerorten gegründet. Die Frage „Darf die Frau denken?" ist ein ernsthaft diskutiertes Thema in öffentlichen Vorträgen unter Frauen. Sie haben keinen Zugang zur Bildung, zu staatlichen Rechten und Pflichten, zur Arbeit, die das Leben erfüllt.
Das hat in der Familie Fielitz noch keinen interessiert.

Die vielfach Talentierte findet ihren Weg mit leiser Beharrlichkeit als Autodidaktin: Schon als Dorfschulkind vertritt sie ihren Vater an der Orgel der Schlosskirche, sie zeichnet, stickt, schnitzt mit großem handwerklichen Geschick und künstlerischer Begabung. Für ihre Söhne und mit ihren Söhnen lernt sie später auch Latein. Eine Feministin ist sie nie, aber das Leben zwingt sie in der Mitte ihres Lebens zur völligen Emanzipation.

Aber noch ist Margarete ein kleines Kind, als 1880 „Unter den Linden" in Berlin erstmals die elektrischen Laternen leuchten.

Als junges Mädchen muss Margarete sehr sorgsam mit der Kerze in ihrem Dachzimmer umgehen, denn der gestrenge Vater misst diese allabendlich und erzieht seine Tochter zu größter Sparsamkeit.

Omchen signiert ihre schönste Bleistiftzeichnung „Ländliche Gebäude" 1892. Sie ist dreizehn. In Berlin wird das erste private Automobil zugelassen. Der Kaiser soll sich geärgert haben, dass er es nicht bekam.

Fontane, der von vielen unserer Familienmitglieder so geliebte Dichter, muss in dieser Zeit ertragen, dass seine „Frau Jenny Treibel" auf kühle Ablehnung stößt. Zu klar hat er dem Berliner Großbürgertum den Spiegel vorgehalten.

Omchen liest indessen „Heidi". Es wird ihr Lieblingsbuch in der Kindheit. Sie hat es zu Weihnachten 1889 vom Grafen im Schloss geschenkt bekommen. Später schenkt sie es meiner großen Schwester und gibt uns beiden kleinen Mädchen die Möglichkeit, im rauen Klima der Nachkriegszeit um 1945 uns in Almöhis Idylle zu erholen.

Ihr Leben lang kann Omchen das unendlich lange Gedicht von „Afrika, hipp hipp, hurra" aufsagen; Schulstoff ihrer Zeit: Das deutsche Kaiserreich macht sich auf, Kolonien in Westafrika zu annektieren. Margarete ist erst vier, als der Militärarzt Gustav Nachtigal die Schutzherrschaft über Kamerun und Togo proklamiert. „Nachtigal, ick hör dir trapsen", sagt der Berliner, denn aus der Schutzherrschaft wird Kolonialisierung. Überall im Deutschen Reich, so auch in Buch, schießen Kolonialwarenläden mit fremdländischen Produkten ins Kraut.

Das Jahr 1900 kommt, und im ersten Jahr des neuen Jahrhunderts, am 20. April 1901, gibt es ein Doppelfest: Margaretes Eltern feiern ihre Silberhochzeit, Margarete verlobt sich mit ihrem Herrn Otto Scheele, wie es in einer umfänglichen Festschrift heißt. Otto war irgendwann am Bahnhof Buch auf Margarete getroffen. Er sah einen herrlichen Zopf an einem weiblichen Geschöpf und fragte einen Einheimischen, zu wem denn der Zopf gehöre. Als er erfuhr, es sei die Lehrerstochter, machte er - selbst schon ein Lehrer – eiligst bei dem Kollegen Fielitz einen Antrittsbesuch.

Ein Jahr später, 1902, wird geheiratet. Die neue Wohnung liegt in Rixdorf, das seit drei Jahren Stadtrecht hat. Margaretes Leben verläuft weiterhin am Rande von Berlin. Aber immerhin beginnt 1904 die Gemeinde auch mit der Einrichtung der Kanalisation; für die wachsende Familie nicht unwichtig.

Die Söhne Heinz und Günter werden geboren.

1906 wird in unmittelbarer Nähe ihrer Wohnung der Teltowkanal feierlich eingeweiht. Er unterquert die Chausseestraße, später Britzer Damm genannt, wo Margarete wohnt.

Sie beginnt am 6. Mai dieses Jahres ein neues Haushaltsbuch, ein ebenso köstliches wie aufschlussreiches Zeitdokument. Es gibt viel Kohl, Hering, Bückling im Hause Scheele, eine Leidenschaft, die Oma immer beibehält. Für einen Briefträger zahlt sie 10 Pfennige, einem Leierkastenmann gibt sie 5 Pfennige.

Als Margarete 30 Jahre alt ist, landet im Nachbarort Tempelhof auf dem großen Feld Herr Zeppelin mit seinem Luftschiff, eine Sensation, zu der 250 000 Menschen strömen.

1913/14 lassen Otto und Margarete ihre Söhne fotografieren, modisch gekleidet mit Matrosenanzügen. Die Modemacher folgen der Politik. Ganz sicher! Die kaiserliche Reichsregierung will England die Vormachtstellung zur See streitig machen. Seit 1900 wird ein großes Flottenrüstungsprogramm für 38 Schlachtschiffe aufgelegt und die Bevölkerung reif gemacht für den Krieg.

Der erste Weltkrieg kommt 1914. Omchen hält in ihrem Haushaltsbuch fest, dass sie „Sendungen aus der Ukraine" kauft: 8 Pfund Bohnen und 8 Pfund Hirse. Sie spendet Wollsachen für den Frauenverein und dokumentiert die Preise für eine Woche im Frieden und eine Woche im Krieg. Noch sind die Unterschiede nicht groß. Das kommt später, aber da hat Margarete noch größere Sorgen.

Ihr Otto erkrankt schwer. Schon im Juni 1915 muss sie fast täglich die Visiten von Dr. Flemming bezahlen und dies im Haushaltsbuch vermerken.

Fast vier Jahre später, nach Krieg und Novemberrevolution, hat Margarete wie alle Frauen zum ersten Mal das Recht, zur Wahl zu gehen.

Zwei Tage vor ihrem 41. Geburtstag, am 1.10.1920, wird sie eine Berlinerin. Groß Berlin wird gegründet. Buch und Britz, die wichtigsten Stätten ihres Lebens, werden wie weitere 26 Gutsbezirke, 59 Landgemeinden und 6 Städte von der Großstadt aufgesogen. Berlin ist nach New York und London die drittgrößte Stadt der Welt mit 3,8 Millionen Einwohnern.

Am 28.05.1922 stirbt unser Großvater Otto im Krankenhaus Lichtenberg.

Das Inflationsjahr folgt. Omchen und ihre Söhne Heinz und Günter sind eine eingeschworene Familie, aber „Goldene Zwanziger Jahre" haben sie nicht erlebt.

Von Oma gibt es ein schönes Foto am Nähtisch – bis zum Lebensende einer ihrer Lieblingsplätze; aufgenommen 1923. Wer kann damals zu Hause fotografieren? Das Übliche sind gestellte Aufnahmen mit Kulissen in Fotoateliers. Kleinbildkameras gehen erst ab 1924 in Serienproduktion.

Ab 1923 gibt es den Rundfunk! Am 29.10.23 erleben etwa 200 Besitzer der ersten Radioapparate in Berlin den öffentlichen Unterhaltungsrundfunk in Deutschland – per Kopfhörer. 1924 erhält die Literatur im Rundfunk eine eigene Sendung. Thomas Mann, Leonhard Frank, Egon Erwin Kisch, Ernst Toller treten vor das Mikrofon. Omchen entwickelt eine Leidenschaft für dieses Kommunikationsmittel. Sie lässt das Radio nicht dudeln, sondern ist eine aufmerksame Zuhörerin; bis ins hohe Alter.

Schon um 1919 kommt ein neuer Begriff auf – der Schlager.

Das Wort klingt einprägsam. Als 1923 die Inflation stärker wird, ist der Schlager in aller Munde „Wir versaufen unsrer Oma ihr klein Häuschen und die 1. und die 2. Hypothek".
1925 wird der Charleston als neuer Tanz kreiert. Die Kleider werden leger, Frauen zeigen Bein und Busen. „Wenn die Elisabeth nicht so schöne Beine hätt'", hört Oma von ihren sangesfreudigen Söhnen. „Schau doch nicht immer nach dem Tangogeiger hin, was ist schon dran an Argentinien!", haben die Scheele-Brüder genüsslich auch später noch gesungen, und Oma lachte milde dazu.
1926 besichtigt sie den großen Bauplatz in Britz: Die Hufeisensiedlung entsteht. Sie entspricht dem funktionalen Bauhausstil, der gerade in Weimar und Dessau erkoren wird. Architekt ist Bruno Taut. Oma, die ihre Wohnung mit dunklen Möbeln aus der Gründerzeit voll gestellt hat, ist im Denken und Handeln unsentimental, schnörkellos, sachlich. Die Siedlung gefällt ihr.
Als Margarete 50 Jahre alt ist, werden die ersten Tonfilme gespielt. Sie ist zu sparsam, Geld für Kinokarten auszugeben, denn es ist das Jahr der Weltwirtschaftskrise, und Omas Witwenrente ist winzig. Gerade in ihrem Geburtsmonat Oktober kommt es in New York zum dramatischen Kurssturz.
Noch immer wohnen ihre Söhne bei ihr, für sie ein Lebensquell, der sie vor Einsamkeit bewahrt. Sie nimmt regen Anteil am Liebesleben von Heinz und Günter und deren glücklichem Entdecken der zukünftigen Schwiegertöchter.
Seit 1936 hat jeder Haushalt einen „Volksempfänger". Er stand noch nach 1945 in Omas Wohnung.
Als die erste Enkeltochter geboren wird, tobt bereits der zweite Weltkrieg. Im selben Monat kommt der Hauswart zu Omchen, um ihr die Lebensmittelkarten zu geben. Ab 1. Oktober ist Fleisch nur noch auf Marken zu haben. Die Berliner fahren zu den ersten Hamsterkäufen aufs Land, um Essensvorräte anzulegen.
Mit Beginn des Krieges muss Oma wie jeder Berliner die Verdunklung an den Fenstern herunter lassen – 5 ¾ Jahre lang, Abend für Abend.

Am 1.9.1939 liegt also Berlin in völliger Dunkelheit und Oma muss um 18.30 Uhr für eine halbe Stunde zum ersten Fliegerprobealarm in den Keller. Bis zum September 1940, Omas zweite Enkelin ist schon geboren, werden 1617 Berliner Häuser zerbombt, 515 Bombentote werden gezählt.
Seit dem 19.9.1941 müssen alle jüdischen Bürger vom 6. Lebensjahr an einen sechszackigen Stern in gelber Farbe auf der linken Seite ihrer Kleidung tragen. Es ist für Oma ein Tag vor der Geburt der dritten Enkeltochter.
Aus dem Rundfunk erfährt sie wenige Tage vor der Geburt des ersehnten Enkelsohnes, dass deutsche Truppen in Nordafrika am 23.10.1942 bei El Alamein in verlustreiche Gefechte mit britischen Einheiten verwickelt worden sind. Das Ausmaß der Niederlage erfährt sie damals aus dem Radio nicht. Genauso wenig erfährt sie, dass sich in Stalingrad eine Katastrophe für die deutschen Soldaten entwickelt.
Oma hat in den Kriegsjahren Untermieterinnen in ihrer Dreizimmerwohnung, meist Rote-Kreuz-Schwestern. Aber mit ihren Ängsten muss sie allein fertig werden, als 1943 englisch/amerikanische Bomberverbände einen Großangriff auf Britz fliegen. Omas Nachbarhaus wird völlig zerstört, auch die schöne Dorfkirche.
Im Mai 1945 besetzt die Sowjetarmee ganz Berlin und somit auch Britz. Drei Monate später regeln die Siegermächte die Bildung von vier Besatzungszonen in Deutschland und die Aufteilung Berlins in vier Sektoren. Der Bezirk Neukölln wird den Amerikanern unterstellt.
Unmittelbar zu diesem Zeitpunkt, im August, stehen bei Oma unangekündigt neue Untermieter vor der Tür: Sohn Günter mit Familie kommt nach monatelangem Umherirren aus Bayern nach Berlin. Die eigene Wohnung in Adlershof ist zerbombt. Oma ist an diesem heißen Augusttag gerade hamstern – in Buch, ihrem Kindheitsort.
So beginnen vier Jahre intensiven Zusammenlebens auf engem Raum. Omas Bescheidenheit und Flexibilität sind grenzenlos. Nur als Sohn Günter ihr 1948 gesteht, dass im August

noch ein Familienmitglied zu erwarten ist, reagiert sie völlig schockiert: „Und das in meiner Wohnung!"

Aber ein Jahr später schon muss sie sich ihren Liebling, den jüngsten Enkel, vom Schoß nehmen lassen, denn Sohn Günter zieht in den „demokratischen Sektor" von Berlin nach Johannisthal. Sein Arbeitsplatz liegt im Osten.

Oma kommt jeden Sonntag zu Günters Familie, beladen mit Hering, Bückling, Heilbutt und Kokosflocken, die jeweils in drei Teile geschnitten werden. Omas Köstlichkeiten werden für alle Enkelkinder ganz gerecht aufgeteilt.

Über zwei Jahrzehnte wandert nun unser Omchen, ganz ein Mensch ihrer Zeit, von West nach Ost und von Ost nach West und auch in den entfernteren Westen nach Hamburg und Frankfurt zum Sohn Heinz mit Familie.

Um auch nach dem Mauerbau wieder in den Osten zu gelangen, lässt sich Oma ganz pragmatisch auf alle Tricks ein. Sie wird pro forma Bundesbürgerin, gibt ihren Status als Westberlinerin auf und kann nun wieder in die DDR zu Günter und Familie einreisen. Scheinbar unerschrocken setzt sie sich mit 86 Jahren zum ersten Mal in einen Flieger, um zu ihren anderen Lieben nach Frankfurt zu gelangen. Vielleicht fällt ihr das leichter, als die Grenzkontrollen im Tränenpalast zu ertragen. Sie muss immer warten, bis das Kontrollieren ihrer Sachen vorüber ist und sie dann ungehindert in ihr Altersheim nach Britz weiterfahren kann. Sie klagt nicht und kommt wieder. Ihr ist es egal, ob sie die verrückte Welt noch versteht. Wenn sie bei Sohn Günter für einige Wochen lebt, ist ihr Lieblingsplatz am Fenster im Enkelzimmer, wo sie liest, stopft, näht oder die Augen schließt, weil sie ihr weh tun; bis sie sie ganz schließt am 16. April 1973; allein im Krankenhaus Neukölln – 93jährig.

Tonis Lebenshilfe:

Toni denkt an sein Eichhörnchen-Kuscheltier, das er vor zwei Jahren verloren hat: „Es war so niedlich, so ganz weich und lieb! Aber ich weiß gar nicht mehr, wie es aussah. Kannst du dich noch erinnern, wie es war?"

Herbstzeitlose (2005)

Ist sie eine Betrügerin oder ein Hoffnungsschimmer? Sie sieht fremd aus im herbstgoldenen Garten. Als ich sie vor vielen Jahren das erstemal entdeckte, war ich überrascht von ihrer rosafarbenen Pracht.
Sie schien mir mitzuteilen, dem Sommer folge wieder das Frühjahr, alles Schöne bliebe – die Wärme, die Farben, die Kraft, das Leben.
Bald aber senkten sich schon die ersten Blütenkelche zur Erde. Kein grüner Stängel konnte sie aufhalten, denn die letzte Betörung des Herbstes verhob sich mit der Entfaltung unwirklicher Schönheit und gönnte sich kein Quäntchen Kraft und Platz für ein bisschen Lebensgrün.
Sollte ich die Herbstzeitlose mit Freude begrüßen wie die bescheidenen Krokusse im März?
Sollte ich die Schöne mit Wehmut verabschieden als letzte Blumengefährtin in diesem Lebensgartenjahr?
Ihr Name enthebt mich der Entscheidung. Sie will in keine Jahreszeit eingepasst sein, auch wenn der Herbst sie vereinnahmt hat. Aber sie ist bei ihm eine Außenseiterin geblieben. Sie könnte sich ohne Scheu im Frühjahr zeigen und fände gewiss im Sommer neben den Malven, Rosen und Fingerhüten neue Gefährten.
Ach, nein, sie betrügt mich nicht mit falschem Glauben an ewiges Blühen. Und Hoffnung? Gibt sie mir Hoffnung – worauf?
Wenn ich sie in ihrer Schönheit bewundere und die Vergänglichkeit nicht übersehen kann, weiß ich, sie ist wie ein schöner Tag, der kommt und geht.

Es war ein schöner Tag, als mein Enkel mir am Mittagstisch verkündete, heute sei sein letzter Schultag gewesen. Als ich scherzhaft fragte, um aufkommende Traurigkeit zu verstecken, was nun aus mir, seiner speziellen Mitarbeiterin für besondere Hausaufgaben, werden solle, hörte ich seinen Trost: „Ach,

Oma, jetzt kannst du bald meine kühnen Gesellschaftsentwürfe bearbeiten."

Es ist immer ein schöner Tag für mich, wenn es sich meine Enkeltochter auf dem Teppich bequem macht und mich fragt: „Oma, wie war denn das damals wirklich?"

Und es wird ein schöner Tag sein, wenn mich im nächsten Jahr die Herbstzeitlose wieder anspricht.

Tonis Lebenshilfe:

Als wir vor vielen Jahren gemeinsam Flugzeuge und Vögel am Himmel beobachtet hatten, bat Toni mich: „Ich verstehe die Welt noch nicht. Du bist doch eine Lehrerin; erklärst du mir mal die ganze Welt bis zum Himmel?"

Es geschah um dreiviertel elf an einem Vormittag im Herbst (2006)

Ich trat durch die Tür in das große Zimmer, um das morgendliche Einerlei des Aufräumens und Saubermachens hinter mich zu bringen. Ich hatte schon zu früher Stunde mein suchendes Herz auf die Monotonie des Vormittages eingestellt. Ein leiser Missmut war geblieben.

Ich hob die Augen und sah überrascht auf die Herbstlandschaft. Sie lag verzaubert vor mir. Der Zauber aber währte nur wenige Atemzüge und ich beeilte mich, alles zu sehen und jede Veränderung wahrzunehmen. Ich sah auf das graue Wasser des schmalen Sees und den sonnenlosen Himmel darüber. Die Wand der Fichten und Kiefern am rechten Ufer, gleich hinter dem Wanderweg, gab dem Bild die tiefe Melancholie, die einige herbstgelbe Birkenkronen nicht aufheben konnten. In der Mitte des Bildes, genau in meiner Augenhöhe, schienen sich in der Ferne die beiden Ufer des Sees zu treffen.

Der plötzliche Zauber aber lag über der kleinen Wiese am linken Ufer. Eine Sonne, die es nicht gab, beschien sie. Ich ging nahe an das Gemälde heran. Das Gras der Wiese leuchtete frühlingsgrün, die wenigen Sträucher mit herbstlichem Laub blühten im warmen Licht und der Schilfstreifen speicherte neuen Lebenssaft.

Nie hatte sich mir das Bild so gezeigt! Eine dunkle Folie schien nun abgezogen zu sein. Wie schön wäre es, ich könnte den hellen Schein auf dem Bild festhalten! Unruhig sah ich, wie die Zeit lief. Das fremde Licht glitt leise über die kleine Wiese hinweg, verließ die Sträucher, die ihr Glühen verloren, und streifte das Schilf, das bald herbstmüde im Wasser zurückblieb. Der Zauber erlosch. Das eben noch fröhliche Bild war wieder mein trauriges Herbstbild geworden, das für mich Abschied hieß. Ich schaute auf die Uhr. Nur drei Minuten waren vergangen.

Die tief stehende Herbstsonne hatte einen Strahl auf die glatten Steine vor der Terrassentür geworfen. Von dort sprang er durch die Glastür und traf mein Bild an der Wand. In der Größe eines Eichenblattes war der reflektierte Sonnenstrahl über die Landschaft gewandert und hatte mich verzaubert. Am nächsten Tag stand ich zur gleichen Zeit vor dem Bild und begrüßte mit Freude den Sonnenstrahl, als er den Bilderrahmen überwand und meine kleine herbstgraue Wiese mit frischen Farben überstrich. Ich fühlte mich beschenkt.

Am dritten Tag kam die Sonne nicht hervor, und bald hatte sich der Stand der Sonne so verändert, dass das wandernde Licht im Zimmer das Bild nicht mehr erreichte.

Nun war es wieder so, wie ich es seit mehr als sechzig Jahren kannte. Es hatte mich nie froh gestimmt, denn der Melancholie konnte ich nicht entgehen.

Das Bild gehörte zu meinen Großeltern. So oft sie umziehen mussten, überall fand es seinen Platz. Als ihre große Wohnung am Ostbahnhof zerbombt war und sie in einem winzigen Zimmer bei Verwandten Unterschlupf gewährt bekamen, hing das gerettete Bild über Opas Bett. Später zogen sie in ein Sommerhäuschen, um noch einmal ein eigenes Heim zu haben. Dort hängten sie das Bild über das Sofa im Wohnzimmer. Wenige Jahre später wurde ihnen das Leben in der Abgeschiedenheit am Stadtrand zu schwer. Sie bezogen ein großes Zimmer in einem Altersheim in unserer Nähe. Mein Großvater saß dort stundenlang in seinem Ledersessel und hinter ihm hing sein Bild an der Wand. So blieb es auch noch einige Zeit, nachdem die Oma gestorben war. Sein letztes Zuhause war ein Bett in einem Pflegeheim, weit entfernt von uns. Dort hatte sein Bild keinen Platz. Mein Großvater war fast erblindet. Heute denke ich, dass das gewohnte Bild über seinem Bett ihm Schutz und Heimat gegeben hätte. Aber damals war ich zu jung für diese Gedanken.

Bis auf seine goldene Taschenuhr hatte er die Dinge seines langen Lebens bereits verschenkt. Am Tag vor seinem Tod gab er meiner Mutter die Uhr. Da ich das einzige seiner Enkelkinder war, das schon eine eigene Wohnung besaß, hatte er mir bei seinem Umzug ins Pflegeheim das Bild ganz ohne Worte gegeben. Ich nahm es in Verwahrung. Ich glaube nicht, dass ich mich sehr bedankt habe. Sicherlich habe ich auch keine Freude über das Geschenk gezeigt. Die düstere Landschaft umfasste ein breiter Ebenholzrahmen. Das passte nicht in meine Wohnung. Sie war hell und farbenfroh. Die Wände waren schon von Van Gogh-Drucken besetzt.

Ich stellte das Bild in den Kohlenkeller.

Es vergingen einige Jahre. In einer Nacht träumte ich von meinem Großvater. Ich sah seine massige, gemütliche Gestalt im Ledersessel. Er sah mich mit all seiner Güte und seinem Schalk an. Wie immer hing das dunkle Bild über seinem Kopf an der Wand.

Als ich am nächsten Morgen aufwachte, wusste ich, was ich am Feierabend zu erledigen hatte. Ich ging in den schmutzigen Hauskeller, der mir immer noch Furcht einflößte, stieg vorsichtig über die rutschenden Kohlen hinweg und zog das Bild, das an der Wand lehnte, hervor. Der dicke Rahmen hatte es vor Zerstörung bewahrt. Aber es sah verwahrlost aus. Ich trug schwer an ihm, als ich es in die Wohnung holte. So gut es ging, säuberte ich es mit einem Staublappen und stellte es erst einmal gegen einen hellen Schrank auf den Fußboden. Meine Bedrückung, die ich seit dem Traum gespürt hatte, wich. Ich hielt ein stummes Zwiegespräch mit meinem Großvater, ob er mir erlaube, den schwarzen Rahmen auswechseln zu lassen. Da ich nie ein tadelndes und verbietendes Wort von ihm gehört hatte, ging ich davon aus, er würde meinen Wunsch verstehen.

Wenige Tage später bat ich einen Bekannten zu mir, von dem ich wusste, dass er mit Vorliebe bunte Postkarten abmalte. Er versprach, das Bild in einen schönen hellen Rahmen einzupassen. Bald hatte ich Opas Bild wieder. Der Bekannte hatte die trübe Herbstlandschaft in einen zu kleinen hellgelben Holzrahmen gezwängt, und da er als Freizeitmaler auch das Empfinden hatte, der Bildausdruck sei zu düster, hatte er einen

herbstkahlen Strauch im Vordergrund mit kleinen gelben Blüten geschmückt. Er wollte dem Bild Lichter aufsetzen, meinte er. Meine Irritation blieb ihm verborgen.
Aber ich hatte Opas Auftrag noch nicht erfüllt. Ich suchte für das Bild einen Platz. Die Van Goghschen blauen Schwertlilien wurden etwas näher an die bunten Boote am Strand gerückt und der dunkle traurige Fremdling daneben blieb in seiner Wirkung, von mir unbemerkt, gedemütigt.
Das Bild gehörte nun zu den schmückenden Gegenständen in meiner Wohnung. Der seltsame Kontrast zwischen Landschaft und Rahmen zog durchaus Aufmerksamkeit auf sich. Aber ich wischte den Staub von dem Rahmen, so wie ich auch einen Stuhl abwischte, ganz ohne zu verweilen, ohne dem Bild Zuwendung zu schenken.
Nach einer Anzahl von Jahren hatte der zu eng angepasste Rahmen so viel Gewalt ausgeübt, dass sich die Landschaft auf der Leinwand wölbte. Dem Mangel konnte ich nun nicht abhelfen. Es gab keinen Handwerker, der professionell den Schaden behoben hätte. Das Bild blieb so mit seiner Beule im Wald an der Wand hängen.
Wieder verging eine lange Weile, bis sich um mich herum alles veränderte. Die große Verunsicherung kam und ich suchte neue Sicherheit in neuem Rahmen. Meine Familie verließ das doppelt so groß gewordene Berlin und zog nach Strausberg. Zunächst erhielt das Bild eine ganze Wand für sich. Aber es musste unbedingt repariert und vom unpassenden Rahmen befreit werden, was nun kein Problem mehr war. Ich hatte mich zu einem herbstfarbenen Holzrahmen entschlossen, nicht ganz so breit, nicht ganz so dunkel wie der ursprüngliche.
Die abweisende Stimmung der Landschaft blieb. Ich stand oft vor dem Bild und überlegte, wie ich es für mich gewinnen könnte. Nun hatte ich es doch schon über dreißig Jahre!
Aus früheren Erzählungen der Großeltern wusste ich, dass sie als junges Paar am Wochenende oft durch die Strausberger Wälder und die Blumenthal-Gegend gewandert waren. Das Motiv des Gemäldes sollte in dieser Gegend zu finden sein.

Meine Großeltern nannten das Bild „Der Gamengrund". Es klang für mich so dunkel wie das Bild selbst.
Als wir nach dem Umzug die neue Umgebung erkundeten, fuhren wir auch über Blumenthal zum Gamengrund. Wir liefen am rechten Ufer eines schmalen Sees entlang und glaubten mehrere Male, die Landschaft auf dem Bild wieder zu erkennen. Aber es fehlte mir die letzte Festigkeit zu diesem Glauben. Unsere Erkundung ging weiter.
Jetzt hatte ich immer meinen Fotoapparat dabei, um zu Hause die Motive mit dem Gemälde zu vergleichen.
Als ich das erste Mal am Ihlandsee stand, ganz nahe unserer Stadt, südöstlich vom Gamengrund, sah ich mein Bild. Es war der erste Herbst in meiner neuen Umgebung, und nun sah ich die dunkle Wand der Kiefern und Fichten, das graue Wasser unter dem grauen Himmel. Ich stand am rechten Ufer, wo der Maler gestanden hatte. Die mit Nadelbäumen bewachsenen Ufer schienen sich in der Ferne zu treffen. Jenseits des schmalen Sees stand das hellbraune Schilf. Nur die kleine Wiese war von den hoch gewachsenen Fichten fast verdrängt worden.
Ich hatte mein Bild neu entdeckt. Zu Hause suchte ich noch einmal die Übereinstimmung von Foto und Gemälde und fand sie. Ich nahm das Bild von der Wand, klebte auf die Rückseite das Foto und gab dem Bild den neuen Namen „Der Ihlandsee". Von nun an gab mir das Bild keine Ruhe. Dort, wo ich stand, stand einst der Maler, dachte ich oft. Er hatte sein Gemälde mit einem dünnen schwarzen Pinselstrich in der rechten Ecke signiert: „M. Baur". Die Signatur war mit großer Sorgfalt ausgeführt worden. Ich meinte daraus schließen zu können, dass er noch nicht oft ein Bild gekennzeichnet hatte. Bestimmt war er stolz, als er sein Werk abschließend beschriftete. Die Druckbuchstaben wirkten so dringlich gesetzt, als wollte er mit seinem Namen sein ganzes Ich verewigen.
Ich fragte meine alt gewordene Mutter, ob sie noch etwas von der Herkunft des Bildes wüsste. Und nun hörte ich eine Geschichte, die zu vielen Geschichten passte, die ich über meinen Großvater kannte: Er war Anfang dreißig, als er einen

jungen Mann kennen lernte, der Maler werden wollte und von der Familie getrennt in einfachen Verhältnissen in Berlin lebte. Das Herz meines Opas war gerührt und in seiner Seele das Mäzenatentum erwacht. Er selbst hatte den Kinderwunsch gehabt, Violine zu studieren. Aber in frühen Jahren hatte er nach einer schweren Erkrankung einen Teil seines Gehörs verloren. Mit Klugheit, Charme und Glück wurde er ein wohlhabender Berliner Kartoffel- und Futtermittelgroßhändler. Er wollte nun den jungen Mann, mit dem er sich angefreundet hatte, nicht mit einem Geldgeschenk in Verlegenheit bringen und bat ihn, ein Bild nach einem vorgegebenen Motiv zu malen. Wahrscheinlich hatte mein Opa als Motiv die Landschaft am Gamengrund genannt.

Im meinem gut sortierten Keller stand seit langem ein großer Reisekorb, der als Familienarchiv diente. Ich suchte mir den Karton mit den Briefen, Dokumenten und Fotos meiner Großeltern heraus. Meine Mutter hatte gemeint, es müsste noch Schriftliches zu der Bildgeschichte vorhanden sein.

Ich fand einen Feldpostbrief von 1915, gerichtet an meinen Großvater.

Der Briefumschlag hatte ein Format von 11,2 cm x 7,5 cm, der Poststempel war vom 31.7. 1915 aus Elsterwerda. Die Beschriftung lautete:

„Feldpost. Landsturm R. Wonnenberg. 3. Komp. III Landsturm Infanterie. 15. Armeekorps Ersatz Bataillon. z. Zt. Oberhofen Elsaß".

Es waren zwei winzige Briefe. Der erste passte einmal gefaltet in den kleinen Feldpostumschlag. Eine freundliche regelmäßige Schrift erleichterte mir das Lesen der deutschen Buchstaben.

In dem ersten Brief wurde mitgeteilt:

„Geehrter Herr!

Ihre werte Karte erhielt ich. Mein Schwager Max ließ auch uns 5 Wochen bereits warten. Wir wußten seine neue Adresse nicht. Am 5.7. haben wir eine Karte erhalten mit Adresse und es ginge ihm gut, wir alle hoffen, daß er gesund zurückkehrt, denn er ist ein Mustermann. Mein Mann ist auch bei einem Land-

sturm Bataillon in der Nähe beim Wachkommando, es wird hier ein Kanal gebaut von 120 Gefangenen.
In der Hoffnung auf einen baldigen Frieden verbleibt hochachtungsvoll Anna Baur."

Der zweite Brief war doppelt gefaltet. Er lautete:
„Geehrter Herr!
Heute suche ich in meinen Karten und Briefen die lieben Zeilen meines Schwagers zum Andenken an ihn. Ich finde nun auch Ihre Karte und denke, es ist eine Pflicht, Ihnen das Traurigste mitzuteilen. Gestern hat mein Schwager Robert am Telefon uns kurz mitgeteilt, daß der Max den Heldentod im Osten gefunden hat. Da Sie ihn kannten, werden Sie den Schmerz ermessen. Heute bekam ich einen Brief vom älteren Bruder des Max, dass der Herr Major ihm mitteilte, dass am 17. Juli Abend 7 Uhr der Max durch einen Schrapnellschuß tödlich verwundet wurde und ohne zu leiden verschieden ist. Er liegt auf dem Regimentsfriedhof in Abikischki bei Kuza. Wie strebsam war er, wie fleißig und genügsam, nun ist alles umsonst, es ist schrecklich, wie waren wir stolz auf ihn. Warum ist der Krieg? Diese Wunden werden nicht überall gleich wieder heilen. Wenn es mir möglich ist und Sie wünschen, sende ich Ihnen ein Bild, denn er war Ihnen doch gewiß ein treuer Freund.
Hochachtungsvoll Anna Baur."
Der Absender ist mit einem Firmenstempel vermerkt: „Bierverlag u. Mineralwasseranstalt Oskar Baur, Elsterwerda – Fernspr. 384."

Die Briefe hatte mein Großvater aufgehoben. Ein Foto von Max Baur fand ich nicht. Die Ortschaft Kuza ist in keinem Atlas vermerkt. Außerdem war inzwischen ein zweiter Krieg über den Osten gezogen.
Das Bild hatte mich inzwischen länger begleitet als meine Großeltern. Vor dem Herbst 1914 war es entstanden.
Es kann sein, dass Max Baur keine farbenfrohe Herbstlandschaft malen wollte, so wie ich sie mir immer gewünscht habe. Er

war ganz jung, als er am Ihlandsee stand und er war kaum älter geworden, als er auf dem Regimentsfriedhof begraben wurde. Nur wenige Monate werden zwischen einem Höhepunkt in seinem Leben und seinem Lebensende gelegen haben.

Die Melancholie des Bildes bleibt. Nur zweimal habe ich zufällig sehen können, wie heiter der See und seine Ufer verwandelt werden können, wenn die belebende Sonne sie trifft.

Ich hatte Glück, es zu bemerken, auch wenn ich fast ein halbes Jahrhundert gebraucht habe, um den Zauber zu sehen und das Bild zu verstehen.

Tonis Lebenshilfe:

Tonis erster Spaziergang mit der neuen Kindergartengruppe führt an das Ufer des Sees. Toni fragt seine Erzieherin: „Sind wir hier im Urlaub?"

Feldpostkarte

An den *Herrn Richard Wann*
Berlin ...

_____ Armeekorps _____ Kompagnie
_____ Division _____ Eskadron
_____ Regiment Nr. _____ Batterie
_____ Bataillon _____ Kolonne

Mein erster Friedenssommer (2007)

Es ist schon Nacht, und nun kommt endlich auch ein Traumbild zu mir. Ich lasse mich gerne darauf ein und ich weiß, dass es mich in längst vergangene Jahre bringen wird. Es schiebt sich vor meine geschlossenen Augen, die auf Ruhe warten. Das Traumbild wird mir beim Einschlafen helfen, wie so oft; wie schon in meiner Kindheit, wenn ich abends Sehnsucht bekam nach Landschaften, von denen ich glaubte, sie liegen in einer vergangenen Zeit, so dass ich sie nie wieder sehen kann. Sie lagen jedoch in einer anderen Welt ganz in der Nähe.
Die Traumbilder meiner Kindheit habe ich bewahrt, nur wenige kamen in den Jahren danach hinzu. Die frühesten sind fest in meinem Kopf verankert. Sie sind vielleicht das Letzte, was einmal aus ihm entschwinden wird.

Ich stehe vor einem engen Hof, der so ganz anders ist als der Bauernhof, den ich schon kenne. Der enge Hof wird von geschwungenen Wegen unterteilt, auf denen die Schuhe nicht schmutzig werden, denn helle, meist zerbrochene Fliesen liegen auf ihnen. Dazwischen dürfen auf verwilderten Beeten einige Sträucher stehen. Von einem kleinen Baum blinkt mich ein saftiger Apfel an, der Fliederstrauch trägt müde seine verdorrten Blüten. Eingehüllt in meinen weißen Pelzmantel stehe ich in der heißen Augustsonne und blicke um mich. „Hier werden wir zu Hause sein", hatte mein Vater gesagt.
Von dem Hinterhaus sehe ich nur drei übereinander liegende Küchenräume mit umgestürzten Möbeln. Die schützenden Wände sind weggebombt.
Eine alte Frau guckt mit gleichmütigem Gesicht aus einem Fenster im Vorderhaus. Fremde sind ihr vertraut. Meine große Schwester hat ihren Pelzmantel ausgezogen und auf eine kleine Holzbank unter dem Fliederstrauch gelegt. Das darf ich dann auch. „Wir sind hier zu Hause", höre ich nun meine Schwester sagen, und damit sind unsere kostbaren Mäntel wohl sicher. Ich setze mich neben sie auf die Bank.

Die Eltern suchen im Vorderhaus unsere Großmutter. Sie haben monatelang nichts von ihr gehört. Es beschleicht mich leise das beklemmende Gefühl, dass ich in eine fremde Welt gefahren bin, in der ich keinen Brunnen im Hof, keine Felder, Berge und Blumen finden werde. Viele Stunden oder Tage sind wir unterwegs gewesen.

Meine Schwester stößt mich aus den Gedanken heraus. „Komm, wir spielen Schule!" Endloses Spiel in ächzenden Zügen, unterbrochen von durchdringendem Pfeifen der Lokomotive, Geschrei von Menschen, Warten auf freier Strecke. Immer bin ich in diesem Spiel die Schülerin. Meine Schwester verwandelt sich in eine Lehrerin und kommt mit steifen Armen und Beinen in das wändelose Klassenzimmer unter dem Fliederstrauch und schließt die unsichtbare Tür hinter sich. Ich springe von der kleinen Hofbank auf, reiße den rechten Arm hoch und schreie zur Begrüßung der Lehrerin „Heil Hitler". Meine Schwester winkt lässig ab. Unser Spiel, durch vielfaches Wiederholen ritualisiert, wird von einer bösen, strengen Altfrauenstimme unterbrochen: „Das sagt man nicht mehr! Der Krieg ist aus!" Erschrocken schauen meine Schwester und ich zu der alten Frau im Fenster. Was dürfen wir sagen, was nicht? Die Morgenappelle in unserem Kinderlager der Landverschickung in den Beskiden fingen immer mit diesen Worten an.

Unsere Eltern haben vor wenigen Monaten zu uns gesagt: „Jetzt ist Frieden." Diese Worte wärmen meine Kinderseele und verbinden sich in meinem Kopf mit der Erinnerung an das sonntägliche Geläut der Dorfkirche.

In Perwolfing, einem armen, kleinen Flecken im Bayerischen Wald, begann in meinem Leben der Frieden. Es waren die ersten hundert Tage ohne Fliegeralarm. Ich musste mich nie mehr auf langen Zugfahrten aus dem Wagen heben lassen, mein buntes Kopftuch abreißen und mich wie tot auf die Erde werfen. Ich musste mir nie mehr die Ohren zuhalten, wenn die Sirenen wild aufheulten.

Trotzdem weinte meine Mutter am ersten der hundert Abende in Perwolfing. Wir hatten kein Zuhause und keiner wollte uns hier aufnehmen. Der Bürgermeister des Dorfes ging mit uns von Hof zu Hof. Überall saßen viele fremde, mutlose Menschen. Zum guten Schluss griff Bürgermeister Schlecht meine Schwester und mich bei der Hand und stellte uns in seinem Bauernhof vor seine Frau: „Sie bleiben bei uns!" Wir zogen in eine Dachkammer mit einem Fenster, von dem ich bis auf den Kirchberg von Runding sehen konnte. Von nun an arbeitete mein Vater, der Lehrer, als Kleinknecht auf dem Hof und auf den Feldern. Manchmal setzte er sich hin und schrieb mit einem Bleistift in ein kleines Heft:

„8. Mai, Kapitulation, Hitler soll in Berlin gefallen sein, glaube ich nicht. Völliger militärischer Zusammenbruch. Nazispuk in 3 Tagen verweht. Autos auf der Straße mit offenem Licht, Friede!
9.5. Herrliches Mai-Wetter, Baumblüte, man sieht es kaum, hunderte Soldaten im Räuberzivil auf abseitigen Wegen nach Hause. Russen, Polen, KZ-Leute betteln und plündern. Ich verstecke Koffer im Stroh.
18.5. Russischer Student erzählt vom russischen Schulwesen.
19.5. Lese Werthers Leiden. Fühle die Leere des Herzens, das über Jahre nicht gepflegt; ein großes, warmes Gefühl.
18.7. Der Sohn des Bauern, Sepp, kehrt zurück, große Freude, Vater weint, wirft Rad hin, eilt zum Sepp, umarmt ihn: mein Sepp. 6 Wochen im offenen Lager auf der Erde gelegen, ausgehungert. So kehren die Soldaten nach Hause."

Die Bäuerin backte am nächsten Tag eine Buttercremetorte. Sie war so verführerisch, dass gegen meinen Willen der Zeigefinger die Verzierung der Torte aufnahm und in meinen Mund führte. So etwas hatte ich noch nie gegessen. Keiner schimpfte mit mir. Sepp aß mit Heißhunger die Torte auch ohne Verzierung und wurde sterbenskrank. Meiner Mutter gelang es mit einer heilsamen Diät, den Jungen, der aus dem amerikanischen Kriegsgefangenenlager in Bad Kreuznach gekommen war, gesund zu pflegen.

Meine Schwester und ich füllten eine tiefe Schüssel mit Wiesenblumen und stellten sie auf den großen Küchentisch, an dem wir jeden Tag Platz nehmen durften. Wenn der Bauer gegessen hatte, strich er mit dem dicken Daumen den Löffel sauber und warf ihn schwungvoll in die Tischlade. Sonntags wurden wir beiden Kleinen herausgeputzt, die Locken in kurze Zöpfe gezwungen. An den Händen der Bäuerin gingen wir bergan zur Kirche nach Runding. Ich konnte bald ein bisschen mitsingen, beten und auch „Jessesmaria" fluchen wie alle hier.

Meine Eltern fuhren das Heu mit ein, und schon war die Zeit heran, das Korn zu ernten. Ich sah dem Fliegen der Lerchen zu und den weißen Wolken am ungewohnt stillen Himmel. Wir Kinder brachten das Essen auf das Feld und bemühten uns, mit den bloßen Füßen die Stoppeln vorsichtig umzutreten, bevor wir einen Schritt wagten.

Am Ende der hundert Tage und Nächte stand ein hellblaurosa Morgen. Wir nahmen Abschied. Die Fahrt nach Berlin war von den Amerikanern genehmigt worden. Bei unserer Großmutter sollte unser neues Zuhause sein. Die Bäuerin drückte mich an ihr nasses Gesicht und an ihren warmen, weichen Bauch. Ich saß mit meinem weißen Pelzmantel neben dem Bauern auf dem Kutscherbock des Leiterwagens, der uns zur nächsten Stadt mit Eisenbahnanschluss fahren sollte. Noch einmal schaute ich von meinem erhöhten Platz über die Hofmauer, sah auf das Haus, den Backofen, den Brunnen, die Schneeweißchen- und Rosenrot-Rosen. Ich traute mich nicht, in das liebe Gesicht des Bauern neben mir zu schauen. Er weinte leise vor sich hin.

Nun aber stehe ich sonnenverbrannt in dem engen Hof in Berlin, habe meinen warmen Mantel abgelegt und höre meinen Gedanken zu: „Nie werde ich Perwolfing und die lieben Schlechts vergessen. Ich möchte wieder dort sein." Da beginnt sich für lange Zeit die Sehnsucht nach Perwolfing einzunisten.

Das Traumbild vom engen Stadthof im Südosten Berlins hat mich in den Schlaf geführt. Wenn ich erwache, könnte ich nun innerhalb einer Stunde auf dem einst verschwundenen engen Hof stehen. Nicht die vergangene Zeit hatte mich von ihm getrennt, sondern die Zerteilung der Welt. Ich habe den engen Hof sofort besucht, als es mir möglich wurde. Alles war blitzblank, die Häuser friedensschön, die Fliesen ausgetauscht, Blumen und Sträucher symmetrisch gepflanzt, Apfelbaum und Fliederstrauch waren verschwunden.

Ich machte ich mich auch auf die Suche nach der vergangenen Zeit im Bayerischen Wald. Ich las das mit Bleistift beschriebene Tagebuch meines Vaters und das Buch „Wie konnte es geschehen?", das bei der eintönigen Knechtsarbeit in seinem Kopf entstanden war. In den ersten Monaten des Jahres 1946 wurde es in Millionenauflage mit Hilfe der Sowjetischen Militäradministration veröffentlicht. Marschall Shukow erhielt ein Exemplar zum Dank. Für viele Suchende und Lernende war das Buch in der Nachkriegszeit ein Leitfaden durch die dunkelste deutsche Geschichte geworden. Ich nahm es erst Jahrzehnte später zum Lesen aus dem Regal und war ergriffen von dem stillen Meisterwerk meines Vaters.

Nun machte ich mich auch auf die Suche nach dem Dorf im Bayerischen Wald. Ungläubig buchstabierte ich das Ortseingangsschild: Perwolfing. Das Dorf gab es tatsächlich! Ich fand das vertraute Geviert des Bauernhofes und sah über die niedrige Hofmauer. Rechts stand der Backofen, dahinter das Wohnhaus, in der Mitte der steinerne Brunnen. Alles war klein geworden. Ich nannte dem Mann im Hof meinen Vornamen, er umarmte mich wortlos und weinend. Der alt gewordene Sepp ging mit mir bergan zur Kirche nach Runding, wo auf dem Friedhof seine Eltern beerdigt sind, bei denen ich den ersten Friedenssommer erleben durfte.

Tonis Lebenshilfe:

Zum ersten Mal ist Toni im Tierpark. Als er vor den Elefanten steht, meint er: „Nun bin ich in Afrika!"

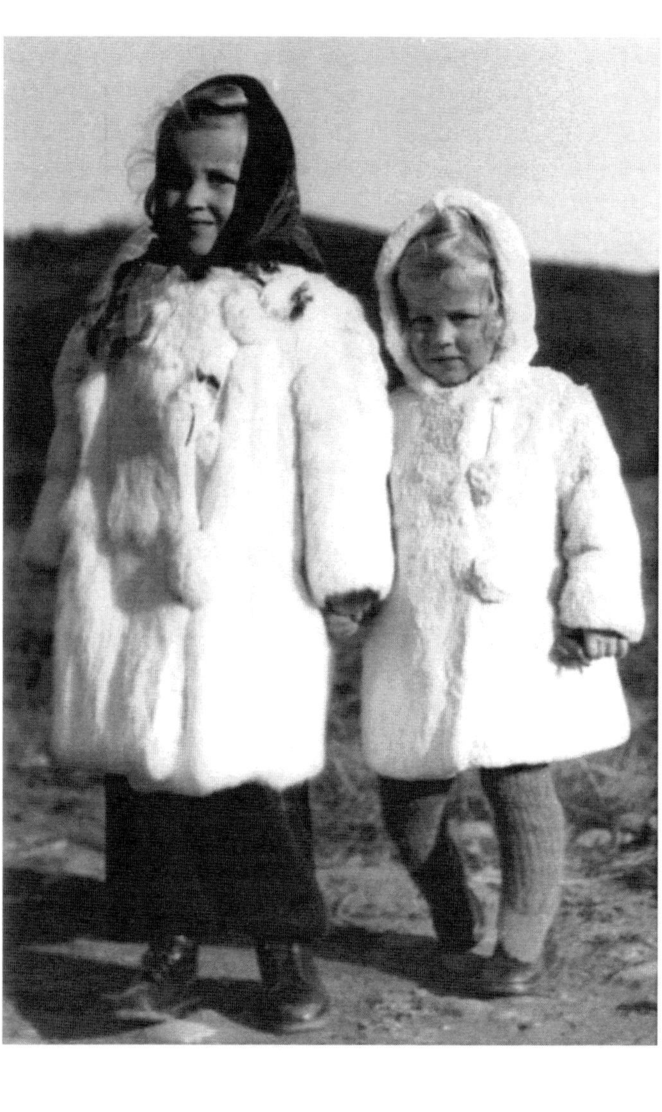

Dichtung und Wahrheit in einer Ballade (2008)

Es war ein Taschenbuch, zu dem ich griff. Ich habe es auf einem der unzähligen Tische eines der ungezählten Straßenantiquariate gefunden. Mein Blick fiel auf den Text der Rückseite „Eine Sammlung von Liedern, die deutsche Geschichte gemacht haben." Eine mutige Aussage! Die müsste bewiesen werden! Als ich das Buch umdrehte und ein Bild des Autors sah, dachte ich, ach nein, das muss nicht sein! Ich wollte das schmale Bändchen schnell wieder aus der Hand legen. Es war aber zerlesen und öffnete sich selbst auf Seite sieben.

„Buckower Balladen" hieß es dort. Das zweite Gedicht trug den Titel „Die Ballade von dem Drainage-Leger Fredi Rohsmeisl aus Buckow". Ich war überrascht. Den kenne ich doch! Ich dachte immer, er sei Autoschlosser. Wir grüßen uns freundlich, wenn ich zufällig wieder einmal in Buckow bin. Wir sagen seit Kindertagen „Du" zueinander, aber eigentlich haben wir uns seit Jahrzehnten nichts zu sagen. Jeder lebte sein Leben und es gab keine Berührungspunkte.

Wie wurde Alfred Rohsmeisl zum Helden einer Biermann-Ballade, „die deutsche Geschichte gemacht" hat?

Ich kaufte das Buch und las Lieder, Gedichte und Balladen wie diese:

„1.
Das ist die Ballade von Fredi Rohsmeisl
Drainage-Leger auf den Äckern um Buckow
Gummistiefel hoch bis zum Bauch
Sein Häuschen links am Fischerkietz.
Bei Lene Kutschinsky war Tanz
Er hat auseinander getanzt
Mit seiner Verlobten – das war verboten
Na schön…
Junge, ich hab Leute schon tanzen sehn
Junge, das war manchmal schon nicht mehr schön.

Aber schadet uns das?
Nein.

2.
Und als er so wild auseinander tanzt
Die Musik war heiß und das Bier war warm
Da hatten ihn plötzlich zwei Kerle am Arm
Und schmissen ihn auf die Taubengasse.
Und haben ihn in die Fresse gehaun
Und er hatte noch nichts getan
Und hatte den hellblauen Anzug an.
Junge, ich hab Leute schon schlagen sehn
Junge, das war manchmal schon nicht mehr schön.
Aber nützt uns das?
Nein.

3.
Da hat Fredi Rohsmeisl beide verrammt
Zwei links zwei rechts er traf genau
Und waren zwei große Kerle die zwei
Halb Buckow sah ihm zu dabei.
Das Überfallauto kam antelefoniert
Hat Fredi halb tot gehaun
Das haben die Buckower Männer gesehn
Und auch die Buckower Fraun.
Junge, ich hab Leute schon zusehn sehn
Junge, das war manchmal schon nicht mehr schön.
Aber nützt uns das?
Nein.

4.
Dann kriegte er einen Prozeß an Hals
Als Konterrevolutionär
Wo nahm der Staatsanwalt nur das Recht
Für zwölf Wochen Knast her?!
Seitdem frisst ihn ein stiller Zorn

Und nach dem zehnten Bier
Erzählt er Dir seine große Geschichte
Von hinten und auch von vorn.
Junge, ich hab Leute schon weinen sehn
Junge, das war manchmal schon nicht mehr schön.
Aber nützt uns das?
Nein.

5.
Und er findet noch kein Ende
Und er ist voll Bitterkeit
Und er glaubt nicht einen Faden
Mehr an Gerechtigkeit.
Er ist für den Sozialismus
Und für den neuen Staat
Aber den Staat in Buckow
Den hat er gründlich satt.
Junge, ich hab Leute schon fluchen sehn
Junge, das war manchmal schon nicht mehr schön.
Aber nützt uns das?
Nein.

6.
Da gingen einige Jahre ins Land
Da gingen einige Reden ins Land
Da änderte sich allerhand
Daß mancher sich nicht wiederfand.
Und als der zehnte Sputnik flog
Da wurde heiß auseinander getanzt
Der Staatsanwalt war selbst so frei.
Und Fredi sah ihm zu dabei.
Junge, ich hab Leute sich ändern sehn
Junge, das war manchmal schon einfach schön.
Aber nützt uns das? (Ja.)"

Nach dem Lesen kamen die Fragen. Hat dieses Lied deutsche Geschichte gemacht? Oder zeigt es deutsche Geschichte; natürlich nur die für vierzig Jahre eingefädelte Geschichte des Ostens? Warum hat mein Kindheitsgefährte einen „Prozeß an Hals" bekommen? Weil er „offen getanzt" hat? Weil er mit seinen gefürchteten Boxer-Fäusten um sich geschlagen hat?
Es interessierte mich nun, was vor etwa fünfzig Jahren geschehen war und welche Geschichte hinter der Ballade steht! Es ging mir nicht um Dichtung oder Wahrheit bei Biermann. Ich wollte Fredis Wahrheit und Dichtung hören.
Er lebt noch immer in Buckow. Fredi war zehn Jahre alt, als die ganze Familie nach dem Auszug aus dem Egerland und einem längeren Halt im Oderbruch 1948 im seenreichen Buckow Wurzeln schlug; für das ganze weitere Leben. Von der Schwägerin, der freundlichen und mütterlichen, die am Buckowsee lebt, erfahre ich seine Wohnanschrift. Es ist nicht mehr das „Häuschen links am Fischerkietz" nahe dem Schermützelsee. Fredi sieht mich misstrauisch und erstaunt an, als ich unangemeldet in seinem winterlichen Hof stehe. Noch größer ist sein Erstaunen, dass ich nach so vielen Jahren seine Geschichte hören will. Er hat sie parat, sofort. „Er erzählt Dir", wie Biermann schreibt, „seine große Geschichte / Von hinten und auch von vorn." Um uns beide schwänzelt ein junger, freundlicher Schäferhund. Na klar, Fredi galt ja immer als ein großer Tierfreund. Er hatte den Ruf „Boxer und Hundesportler" mit Leidenschaft zu sein. Auf dem Hof wird es mir zu kalt, und ich verabrede mit Fredi einen Termin zum längeren Gespräch.
Eine Woche später treffen wir uns an dem Brunnen auf dem Marktplatz von Buckow. Ich lade ihn zum Mittagessen in die feine „Stobbermühle" ein, aber Fredi will lieber nur zu Bäcker Behrendt einen Kaffee trinken. Auch dort ist es hundekalt. Fredi stört es nicht. Sein siebzigjähriges Gesicht zeugt von einem unruhigen und schweren Leben. Ungefragt beginnt er zu erzählen. Er spricht erregt und bewegt. Er achtet nicht auf mich und erinnert sich an viele Einzelheiten des Geschehens, die so

viele Jahre zurück liegen. Ich hab Mühe, ihm zu folgen, nehme mein Schreibzeug aus der Tasche und schreibe auf, was ich höre:

Irgendwann, wahrscheinlich 1962, ging Fredi wie so oft in Buckows Kulturhaus, das sich auf halbem Berg in der Karl-Marx-Straße befand. Auf halbem Berg steht das rosafarbene Haus noch heute, aber in der Königsstraße. Damals also saß am Nachbartisch ein Mann, so jung wie Fredi. Er trug an seiner Jacke ein Parteiabzeichen. In Fredi kochte die Wut hoch, als er das sah. Er schimpfte auf SED und DDR und alle, die sein Leben versaut hätten. „Alle" waren die mit „Spiegel" an der Jacke, so wie der junge Mann am Nachbartisch. Den „Spiegel" trug dieser ein Jahr später nicht mehr, denn der Kandidat der SED wurde nie Mitglied der SED. Die Partei wollte ihn nicht, und wahrscheinlich wollte er auch nicht mehr.

Aber der junge Mann, dessen Name Wolf Biermann war, hörte Fredi gelassen zu, interessierte sich für seinen Ärger und suchte ihn einige Zeit später in seinem Häuschen auf, um ihn genauer zu befragen. Wiederum einige Zeit später traf von Wolf Biermann ein Brief ein, der „Die Buckower Balladen" mit der Ballade über den Drainage-Leger enthielt.

Bald sprach ihn auch am schönen Strand des Weißen Sees Käthe Reichel an, die wie Fredi dort oft badete. Sie wollte wissen, ob er schon das Gedicht über sich kenne. Ja, er kennt es schon. Das Gedicht scheint ihn zu erheben. Er ging am Abend mit der berühmten Schauspielerin und ihren Künstlerfreunden in ihr geducktes Häuschen, nahe der schmucken Jugendstilvilla der Familie Brecht / Weigel. Die Nacht verging in fröhlicher Runde, und Fredi hörte absonderliche Gespräche und staunte, wie ein jeder auf einfachen Worten herum kauen konnte. „Alles Spinner", dachte er. Er war ein Handarbeiter: Autoschlosser, Maurer und Drainage-Leger; kein Kopfarbeiter. Aber das Gedicht hatte ihn für eine Nacht in den Kreis der Brechtfreundinnen und -freunde geholt. Und wieder wurde er gefragt: „Wie war denn das damals?" So erzählte er damals das, was er mir nun fast fünfzig Jahre später auch erzählte, vielleicht in Variationen. Selbstverständlich erzählte er damals nicht – wie mir – den zweiten Teil seines Lebens, denn den hatte er noch vor sich.

Also, Fredi ging Ende der 50er-Jahre mit seiner Verlobten Brunhilde zum öffentlichen Jugendtanz in das schon erwähnte Buckower Kulturhaus. Fredi trug eine graue Flanellhose und ein weißes Hemd. Die meisten Jungen und Mädchen im Tanzsaal hatten die blauen Hemden der Freien Deutschen Jugend an. Sie waren aus der Schule des Jugendverbandes gekommen, die am Rande von Buckow am Abendrotsee lag. Die Blauhemden gefielen Fredi schon einige Zeit nicht mehr. Denn früher durfte er im Roten Luch bei der Armee trainieren. Gewichtheben war etwas für ihn. Dann aber hatte er sich einige Dinge im Westen gekauft und die Trainingsstätte blieb für ihn fortan verschlossen. Somit fühlte Fredi sich von allem ausgeschlossen.
Bei der öffentlichen Veranstaltung im Kulturhaus tanzte Fredi mit seiner Brunhilde in einer Ecke des Saales. Sie tanzten Cha-Cha-Cha und Calypso, und sie tanzten schwungvoll und raumgreifend: „Er hat auseinander getanzt (…)."
Und „das war verboten"; tatsächlich?!
Einige FDJler reagierten unwillig. Sie fühlten sich provoziert. Die FDJ-Sekretärin der Schule, Frau B., versuchte Fredi am „Offen Tanzen" zu hindern. Sie zog immer wieder an seinem Ärmel und forderte ihn auf, „vernünftig zu tanzen". Fredi kümmerte das wenig, aber das ständige Ziehen an seinem Hemdsärmel brachte ihn in Zorn: „Ich scheuerte ihr eine, dass sie in den Saal flog." Damit war die Prügelei in Runde 1. Ein Junge von der FDJ stürzte sich auf Fredi. Bei Runde 2 waren noch andere im Blauhemd dabei. Fredis trainierte Boxerfäuste flogen. Runde 3 brachte das alarmierte Überfallkommando, das den Tanzabend beendete.
Hatten „ihn plötzlich zwei Kerle am Arm"?
Wer hatte die Prügelei angefangen?
Verließ Fredi den Tanzboden „halb tot gehaun"?

Fredi erhielt eine Vorladung vom Kreisgericht Strausberg. Frau B., die FDJ-Sekretärin, hatte ihn wegen Anzettelung einer Schlägerei mit Körperverletzung angezeigt. Fredi meinte, keinen Rechtsanwalt zu brauchen und ging bequemer Weise gleich zum zuständigen Staatsanwalt, Herrn J., der wie Fredi in Buckow wohnte. Der beschied ihm: „In der DDR wird niemandem der Kopf abgerissen. Aber einen Blumenstrauß bekommen Sie auch nicht."
Das beruhigte Fredi. Es beunruhigte ihn aber, als die Verhandlung im alten Backsteinbau in Strausbergs Klosterstraße ohne Frau B. eröffnet wurde. Sie ließ sich von ihrem Mann entschuldigen. Sie sei krank. „Das Attest wird nachgereicht", hörte Fredi. So schlimm war der Sturz? Das klang nicht gut!
Als Zeugen standen mehrere FDJler bereit. Fredis Zeugen waren nicht geladen worden. Der Richter N. verurteilte Alfred Rohsmeisl zu drei Monaten Haft ohne Bewährung wegen Schlägerei mit Körperverletzung. Er betonte, dass das Urteil auch zur Abschreckung der Buckower Bürger dienen solle.
Fiel irgendwann das Wort „Konterrevolutionär"?
Eine Amnestie bewahrte Fredi davor, „Für zwölf Wochen (in den) Knast" einzuziehen. „Aber den Staat in Buckow / Den hat er gründlich satt." Freunde rieten ihm, einfach „abzuhauen", doch er wollte nicht weg von der Familie und Buckow überhaupt! Außerdem hatte Fredi in einer Zeitung mit Schrecken gelesen, dass ein Mann bei einem Fluchtversuch getötet worden war. Auch darüber sprach er damals „voll Bitterkeit" im Kulturhaus mit Wolf Biermann. „Unrecht und Unfreiheit" hieß Fredis Richtspruch über die DDR.
Am 25. März 1961 flog „der zehnte Sputnik". Im Dezember 1962 versicherte Horst Schumann, 1.Sekretär des FDJ-Zentralrats der FDJ, dass die Jugend nicht aus „spießbürgerlichen Musterknaben" bestehen solle. Er zeigte sein Können im „Offen Tanzen", was wohl als Auftakt zur allgemeinen Duldung dieser Tanzart gewertet werden konnte. Das kam zu spät, denn in Stadt und Land wurde bereits fröhlich getanzt, eng umschlungen oder „offen", mit und ohne Erlaubnis.

Zweieinhalb Jahre nach dem Sputnikflug sicherte eine Verlautbarung der SED „Der Jugend Vertrauen und Verantwortung" zu, und damit war auch, wie kurios, noch einmal das „Offen Tanzen" gemeint!
„Und Fredi sah (…) zu dabei. Junge, ich hab Leute sich ändern sehn (…)."

Aber Fredi blieb in seiner Seelenverletzung stecken. Nicht nur einmal lag er mit den Gesetzen im Clinch. Neunzehn Mann in einer Zelle waren unerträglich, erzählt er mir noch zum Abschluss. Aber er war Stubenältester, ein mustergültiger!

Und nun? Hat das Lied deutsche Geschichte gemacht? Das wohl kaum. Oder doch?
Zeigt die Ballade eine Facette im DDR-Alltag? Ich sage „Ja" und meine auch „Nein" und lasse dafür lieber Wolf Biermanns Freund B.B. sprechen: „…immer doch schrieb der Sieger die Geschichte der Besiegten…und zurück bleibt die Lüge."
Der junge Biermann war damals kein Sieger, er war ein Poet, der mit Geschichte spielerisch umgehen durfte. Aber – Junge, ich hab Zeiten sich ändern sehn!

P. S. Alfred Rohsmeisel verstarb im Juli 2010.

Tonis Lebenshilfe:

Toni steht knietief in dem Springbrunnen auf dem Marktplatz und erklärt seiner verärgerten Mutter: „Ich bin doch eine Ente geworden!"
Dichtung und Wahrheit.

Palästina-Schuhe und andere (2008)

Das Frühjahr 1952 brachte Aufregung in die Familie. Meine große Schwester Maria sollte nach Artek fahren. Das war für uns unvorstellbar! Artek kannten wir beide nur aus einem Mädchenbuch. Artek war ein Paradies für Kinder auf der Krim! 1928 wurde es eingeweiht. Nur die besten Pioniere kamen dort hin. Das Mädchen Gulja aus unserem Buch war nicht nur eine gute Schülerin, sie war auch sehr sportlich und hatte in dem Film „Die Tochter des Partisanen" die Hauptrolle gespielt. Ihr Name war in weiten Teilen ihres Landes bekannt. In Artek hatte sie sich mit Molotow, dem Mann, der immer hinter Stalin stand, unterhalten dürfen.

Und nun sollte meine Maria vier Ferienwochen am Schwarzen Meer verbringen! Sie war noch keine dreizehn Jahre alt und wusste schon, dass sie Ärztin werden wollte. Die siebte Klasse beendete sie mit dem Schwung einer Siegerin: eine Eins neben der anderen auf dem Zeugnis, nur im Sport eine schwache Zwei. Unser Vater lächelte etwas betrübt. Seine hartnäckigen Versuche, bei den sonntäglichen Übungen in der Königsheide uns Töchtern sportliche Leistungen im Weitsprung, Laufen und Werfen abzuringen, blieben ohne den erwünschten Erfolg.

Maria fuhr zunächst in ein Ferienlager, das am Hölzernen See in der Umgebung von Berlin lag. Dort trafen die besten Pioniere ein. Maria erzählte mir später, dass nun ein Wettkampf begann: Jeder wollte sich als fleißig, zuverlässig, einsatzbereit und klug zeigen, um einen Platz für Artek oder für ein Ferienlager in einem anderen Land zu erringen. Ich dachte als Daheimgebliebene, dass alle Entscheidungen schon gefallen seien. Mit meinen knapp elf Jahren nahm ich das Leben wie ein gutes Märchen.

Wenige Tage, nachdem Maria zurückgekommen war, wurde sie in die Kreisleitung der Jungen Pioniere eingeladen. Das Haus befand sich keine fünf Minuten von unserer Wohnung entfernt. Es war eine schöne Bauhausvilla in der Waldstraße am

Eingang zum Park, in dem wir im Sommer viel spielten und im Winter auf dem Holzschlitten rodelten. In der Villa hatten wir Pioniere auch unsere Heimabende. Damals hießen sie noch so wie in der Sprache des „Dritten Reiches".

Die seltsam lautlose Aufregung, die nach Marias Gespräch in der Kreisleitung in unserer Familie ausbrach, habe ich heute nur als etwas Unruhiges, Unentwirrbares, Unverständliches, Ungerechtes in mir. Vati lief verärgert umher, Muttis verweinte Augen konnte ich kaum ertragen. Zwischen beiden knisterte unbekannte Spannung.

Maria fuhr nicht nach Artek. Das war ihr in der Villa am Park überraschend mitgeteilt worden. Ihre Reise ging nur bis zum Werbellinsee in der Schorfheide, nördlich von Berlin. Dort wurde die Pionierrepublik im Beisein des Präsidenten Wilhelm Pieck eröffnet. In den Zeitungen bewunderte ich nun die modernen Häuser im Wald und ich las, wie interessant die Ferien für die Pioniere dort waren. Ich sah mir die Bilder genau an und glaubte auch Maria in der Nähe von Wilhelm Pieck zu sehen.

Ich fragte nie, wer an ihrer Stelle nach Artek gefahren sei. Ich hatte auch eine Scheu davor, meine Eltern eindringlich zu fragen, warum Maria nicht fahren durfte. Was ich erfuhr, blieb für mich unverständlich. Es soll an ihren zwei Paar Schuhen gelegen haben!

Maria hatte von unserer Oma aus Westberlin Schuhe mit dicken hellen Kreppsohlen geschenkt bekommen. Sie waren auffällig schön. Meine Mutter wird froh gewesen sein, dass Oma ihr die Besorgung von passenden Schuhen für die Große abgenommen hatte. Vielleicht waren Mutti und Maria auch gemeinsam mit Oma in Neukölln einkaufen. Unser Vater wird dies gar nicht bemerkt haben. Das ganz Alltägliche erreichte ihn nur, wenn Schwierigkeiten damit verbunden waren. Die Arbeit schien ihn zu verschlingen.

Und es gab noch andere Schuhe, deretwegen Maria die weite Reise nach Artek rätselhafter Weise nicht antreten durfte: die Palästina-Schuhe. Maria liebte sie, und ich konnte es kaum erwarten, sie endlich auch tragen zu dürfen, wenn sie an Marias Füße nicht mehr passten. Ich trug alle Sachen von meiner großen Schwester, wenn sie ihr zu klein geworden waren; meist mit unausgesprochenem Unwillen. Wir wurden wie Zwillinge gekleidet. So schleppte ich immer sehr lange an einem Kleidungsstück in zweierlei Größen. Langweilig war das! Aber die Palästina-Schuhe erwartete ich mit Ungeduld. Ich wartete übrigens umsonst, denn meine Füße wuchsen nie über die Größe 35 hinaus.

Die Schuhe waren aus weinrotem weichem Leder, das ein verschlungenes Steppmuster schmückte. Seltsam war der Absatz. Den sah man nur, wenn der Schuh umgedreht wurde. Also sah ihn kaum einer! Aber meine muntere Schwester wird schon ein bisschen mit den Schuhen angegeben haben. Der Absatz war fast wie ein Herz aus Leder geschnitten, das statt einer auslaufenden Spitze eine dem Hacken angepasste Abrundung aufwies. Allein schon die Herkunft der Schuhe wirkte exotisch – aus Palästina!

Wir beide fanden diese Schuhe nicht nur auserlesen schön, sondern verbanden damit eine romantische Geschichte aus dem Leben unseres Vaters. Er hatte sie uns selbst erzählt. Denn Jahre zuvor lagen Maria und ich in den Morgenstunden eines jeden Sonntags in Vaters Armen im Bett, um seine Geschichten zu hören. Als er alles erzählt hatte, was für unsere Kinderohren zuträglich war, ging der Erzählfaden über zu historischen Abenteuern. Das letzte in dieser Reihe, ich weiß es noch ganz genau, war die spannende Geschichte von Richard Löwenherz, den unser Vater eigenmächtig auf der Burg Runding im Bayerischen Wald seine Gefangenschaft verbringen ließ, denn am Fuße dieser Burg hatten wir den ersten Friedenssommer verbracht.

Aber im Herbst 1949, als unsere Familie von Neukölln nach Johannisthal – von West nach Ost – umgezogen war, beendete Vater seine sonntägliche Erzählstunde. Lange konnte ich mich nicht damit abfinden

Die romantische Geschichte nun, die Maria und ich mit den schönen Schuhen verbanden, bestand nur aus wenigen Fakten: Als Vater ein junger Sportlehrer war, fuhr er zum Skilaufen ins Riesengebirge. In einer der Bauden brach nachts ein Feuer aus. Der junge Sportlehrer beteiligte sich sofort an der Rettung der im Schlaf überraschten Urlauber. Er trug eine Frau aus dem brennenden Haus. Natürlich war sie wunderschön. Sie dankte die Lebensrettung mit ihrer anhaltenden Liebe zu dem mutigen jungen Mann. Unser Vater nannte sie vor uns Frau Silberstrom.

Nach unserem Umzug 1949 in das kleinere Deutschland kam Sonntag für Sonntag unsere Oma aus Westberlin zu Besuch und einmal brachte sie einen Brief von Frau Silberstrom mit. Er war an die alte Adresse unseres Vaters gerichtet, als er noch unverheiratet bei seiner Mutter gelebt hatte. Der Brief kam aus Israel; unsere Eltern sagten Palästina. Frau Silberstrom nannte sich nun Silverstream. Der Brief wurde uns Kindern nicht vorgelesen. Wir hörten nur, wie sich unsere Eltern unterhielten: Sollte Vater zu der angegebenen Zeit zum Fernbahnsteig am Ostbahnhof fahren oder nicht? Frau Silverstream war auf der Reise von Palästina, eigentlich Israel, nach Schweden und wollte sich unterwegs mit Vater treffen. Für Maria und mich schien die romantische Geschichte somit einen guten Abschluss zu finden. Wir waren wie unsere Eltern froh, dass es der schönen Frau gelungen war, irgendwann in den 30er-Jahren rechtzeitig Deutschland zu verlassen. Vater ließ den Termin verstreichen. Wir waren enttäuscht. Ich hatte Mutti bestürmt, doch Vater zuzureden. Sie entgegnete mir, dass sie das nicht so einfach könne. Es gäbe Gründe, sich nicht mit der alten Freundin zu treffen. Bis heute weiß ich nicht, ob Vater unsere Oma gebeten hat, Frau Silverstream eine Erklärung zu schreiben. Es muss aber noch einen Kontakt gegeben haben. Denn Wochen später kam Oma eines Sonntags mit den außergewöhnlichen Schuhen, die bei uns nur die Palästina-Schuhe hießen. Frau Silverstream wird wohl irgendwie durch Oma von den Familienangelegenheiten ihres Lebensretters erfahren haben. Die Schuhe waren ein letzter Liebesdienst.

Jetzt erst, nach mehr als einem halben Jahrhundert, überlege ich, welche Gründe Vater gehabt haben mag, seine alte Liebe nicht zu treffen.

Mein Vater hatte sich in die neuen Lebensumstände eingeordnet. Es war die Zeit klarer Abgrenzungen und Standorte. Die Verbindung zu einer Bürgerin des neuen Staates Israel war nicht erwünscht. Die lebhaften Westkontakte zur Mutter wurden beargwöhnt.

In der Familie wurde nicht mehr über Marias vereitelte Ferien in Artek gesprochen. Frau Silverstreams Adresse stand noch 1957 in Vaters Kalender.

Zur Jugendweihe schenkte mir Oma ein Paar Aufsehen erregende Schuhe in Größe 35, trotz allem!

Tonis Lebenshilfe:

Toni sieht den Weltenwandel im Frühling: „Oma, hast du auch schon gemerkt, dass die Bäume sich verändern können?"

Das ferne Jahr ganz nah – 1934 (2009)

Wie soll ich all das Leben fassen!
Mein Vater verbarg es in drei Sätzen: „Im Juli 1933 eröffnete ich im Hause der Jüdin Hahn- Warburg in Wannsee eine Heimschule, die zu 80% von jüdischen Lernanfängern besucht wurde. Ich musste diese Schule im Herbst 1934 wieder schließen. Trotz Verbot habe ich den kranken Sohn der Frau Hahn bis 1935 weiter unterrichtet."
Die folgende Klammerbemerkung unterstreicht die Wahrhaftigkeit: „(Zeuge für diese Tätigkeit Fräulein Malecki, Schneiderin im Haus Hahn, Wannsee, Herwarthstr. 4.)"
Auf drei vergilbten Seiten bittet Dr. Günter Scheele den „Antifaschistischen Block, Britz, Hüsung 19", um politische Rehabilitierung und um die Ausstellung einer politischen Unbedenklichkeitsbescheinigung. Er erklärt seinen „politischen Zwischenfall" und bittet um Verständnis und Hilfe: Bis 1933 hatte er zur Arbeitsgemeinschaft marxistischer Lehrer unter Dr. Kurt Löwenstein gehört und als Junglehrer gearbeitet. Aus politischen Gründen wurde er von den Nazis aus dem Schuldienst entlassen. 1937 wurde ihm wieder eine Lehrerstelle im öffentlichen Dienst angeboten, wofür man ein deutliches Zeichen politischer Meinungsänderung von ihm erwartete. Daraufhin stellte er den Antrag auf Mitgliedschaft in der NSDAP. Der illegale Kreis um seine SPD-Genossen Franz Künstler, Otto Meier und Max Fechner wusste von diesem Schritt und hatte ihn gebilligt.
Das Datum auf dem Bittschreiben ist nach 64 Jahren nicht klar erkennbar. Zwei sichtbar nebeneinander stehende Füße der getippten Zahl 1 lassen auf den Monat November schließen. Es war selbstverständlich im Jahr 1945. Ich erkenne die Typen der alten Erika-Schreibmaschine, auf der immer meine Mutter schrieb.
In späteren Jahren blieb es dabei: Sie schrieb für Günter die Vorlesungen, sie schrieb die angeforderten Lebensläufe, sie schrieb unsere Studienarbeiten auf dieser Maschine.

Das ist lange her. Die alte Schreibmaschine wollte später keiner von uns haben.

Aber das Familienarchiv ruht in einem Reisekorb in meinem Keller: Fotos, Briefe, Kalender, Tagebücher, Urkunden, Auszeichnungen, Todesanzeigen.

Ich vergleiche die Lebensläufe, die mein Vater in all den Jahren nach 1945 schrieb. Die drei Sätze werden verkürzt, die Zeugin wird nicht mehr benannt. Die Heimschule für jüdische Lernanfänger findet in den letzten Lebensläufen keine Erwähnung. Neues kommt hinzu. Sein Leben mit unserer Familie und in unserem Land kenne ich. Jetzt, da ich fast so alt bin wie er zu der Zeit, als bereits drei Vaterländische Verdienstorden in seinem Schreibtisch lagen, möchte ich mehr über den jungen Günter Scheele wissen. Er soll mir näher kommen, jetzt, endlich!

Ich hole sein Fotoalbum aus dem Reisekorb. Jedes Bild ist von uns Kindern unzählige Male betrachtet worden. Mit weißer Tinte hatte Günter die Fotos kommentiert: „schlecht photographiert" zum dicken Baby, „1 Jahr Präparanda 1921/22" zum kindlich kleinen Sechszehnjährigen, „Seminar Köpenick 1922-1925" zum ärmlich gekleideten, träumerisch guckenden Studenten, „Deutsche Hochschule für Leibesübungen 1925-1927" zu der Gruppe halbnackter schöner Männer, „Biarritz 1929" zu dem rumänischen Millionärssohn Theo Zissu, den und dessen mondäne Mutter er durch mehrere Länder Europas als Lehrer begleitet hat, mehrmals „Hiddensee" zum perfekt auf den Händen laufenden Günter am Strand, „verheiratet" zu dem schönen Mädchen Ursula auf Hiddensee. Die Bilderreihe endet mit „1939" zum etablierten Lehrer am Schreibtisch in der Adlershofer Wohnung.

Ein Bild blieb unkommentiert: Drei Kinder sitzen auf einer weißen Bank vor einem festlich gedeckten Tisch. Ein kräftiger Kiefernstamm im Hintergrund lässt einen parkartigen Garten erahnen. Der hübsche lockige Junge in der Mitte schaut nach unten, als ob ihn die Sonne blendet. An seiner linken Seite sitzt

ein jüngeres blondes Mädchen, das neugierig freundlich über den Tisch schaut. Es trägt ein helles Strickkäppchen mit großen Blüten über den Ohren. Das andere Mädchen zur rechten Seite des Jungen verschränkt die nackten Arme auf dem Schoß und sieht skeptisch an dem Fotografen vorbei. Ihre dunklen kurzen Haare liegen in Wellen eng an ihrem Kopf.
Ich bewunderte dieses Bild in der Kindheit. Es verhieß Sicherheit, Schönheit, Reichtum; ein märchenhafter Zustand, der mir in der Nachkriegszeit unbekannt war. Ich hätte mich gern mit dem kleinen blonden Mädchen angefreundet.
Die Namen der Kinder weiß ich nicht. Vielleicht hatte Vater sie uns auch nie genannt. Aber das Foto hing in meiner Erinnerung mit dem Wort „Wannsee" zusammen. Der Junge auf dem Bild konnte nicht laufen. Er hatte Kinderlähmung, meine ich zu wissen. Das sind Erinnerungsmomente, auf die ich mich nicht verlassen kann. Wie sehr möchte ich aber jetzt wissen, was aus den drei Kindern geworden ist!
Ich beginne, in den Internetinformationen umher zu schwirren. Auf die Herwarthstraße in der Nähe des Wannsees schaue ich vom Satelliten herunter und zoome mir die Nr. 4 heran. Ich unterdrücke den irrigen Gedanken, dass ich nur hinfahren müsste, um mehr zu erfahren.

„Jüdisches Leben in Berlin", „Jüdische Miniaturen" der Stiftung Neue Synagoge Centrum Judaicum sind zwei Wegweiser zu dem Namen Hahn in Wannsee.
Ich lese: „Das Heimatmuseum Charlottenburg-Wilmersdorf berücksichtigt den Bereich jüdischen Lebens in Charlottenburg im Rahmen der 300-Jahr-Feier auf vielfältige Weise: (...) Es ist eine Ausstellung über die Familie Hahn geplant. Einzelne Mitglieder der Familie und ihr Leben und Wirken werden vorgestellt: Oskar Hahn, Gründer der Hahnschen Werke, Charlotte Hahn, die einen renommierten Salon in Berlin führte, Dr. Kurt Hahn, Begründer der Schule Schloss Salem und Lola Hahn-Warburg, Leiterin des Bloomsbury House in London. Mit der Ausstellung soll exemplarisch der Verlust beschrieben werden,

den das kulturelle Leben Berlins infolge der Vertreibung seiner jüdischen Mitbürger erlitten hat. Es soll mit diesem Beispiel aber vor allem aufgezeigt werden, wie Vernichtung und Vertreibung bis heute den Alltag der überlebenden Nachfahren prägen. Die Ausstellung wird unveröffentlichte Dokumente der Enkelin von Oskar Hahn zeigen.
Die Ausstellung war ursprünglich für den Herbst 2005 geplant, kann aber erst im Frühjahr 2006 realisiert werden."
Nur der Name Dr. Kurt Hahn signalisiert mir etwas Unbestimmtes und den Namen Hahn-Warburg gebrauchte mein Vater in den drei zitierten Sätzen.
Ich rufe im Heimatmuseum Charlottenburg an. Eine Mitarbeiterin sagt mir, dass die Ausstellung nie zustande gekommen ist. Ein Mitglied der Familie Hahn hätte seine Zusage zurück genommen. Ich erkläre mein Anliegen und frage nach vorhandenen Materialien, die ich vielleicht einsehen könne. Es kommt die Rückfrage, ob mein Vater in einen Zusammenhang mit Prinz Max von Baden zu bringen sei. Das ist unwahrscheinlich, erwidere ich, denn mein Vater war seit 1928 Mitglied der SPD. Nach einer Woche soll ich mich noch einmal melden. Die Zusicherung klingt freundlich. Als die sieben Tage vergangen sind, erhalte ich eine kurz gehaltene Absage ohne Begründung. Dieser Weg ist also erst einmal abgeschnitten. Ist das überhaupt die Familie Hahn, bei der mein Vater gearbeitet hat?

Ich folge dem zweiten Wegweiser und stoße auf „Gedanken zum Gedenken" von Sophie F., die sie am 27. Januar 2007 in der Synagoge Deidesheim über die Vernichtung ihrer Familie vorgetragen hat. Ein Zweig ihrer Familie lebte in einer Villa am Wannsee und hieß Hahn. Acht Angehörige, so lese ich, wurden „an verschiedenen Orten auf unterschiedliche Weise umgebracht." Es folgt eine Aufzählung des Grauens. Ein Angehöriger, Fritz Hahn, wurde „im Alter von 19 Jahren als spastisch gelähmter Behinderter aus einem jüdischen Pflegeheim im Oktober 1942 weggeschafft und ‚euthanasiert'."

Ich schaue auf den hübschen Jungen auf dem Foto. 1934 war er ungefähr zehn Jahre, schätze ich. Dem Alter nach könnte er der Fritz sein. Ich bin entsetzt. Zugleich kommt mir der Gedanke, wenn er es nicht ist, war es ein anderer; gleichermaßen unfassbar.

Ich lese noch mehr über diese Familie Hahn und erfahre, dass der Älteste Alfred Hahn war, Direktor der Dresdner Bank, wohnhaft in der Hohenzollernstraße, deportiert nach Theresienstadt, wo er 1942 starb.

Wieder suche ich mir bei Google maps den Blick vom Himmel auf Berlin-Wannsee. Ich sehe, dass die Hohenzollernstraße nicht weit entfernt von der Herwarthstraße liegt. Es könnte ein und dieselbe Familie sein.

Im Internet finde ich die Berliner Adressbücher der Jahre 1799 -1943. Ich suche zunächst unter dem Jahr 1934 „Hahn, Herwarthstraße 4" und finde „Hahn, Rudolf, Kaufmann, Herwarthstraße 7". Mein Vater hatte sich in der Angabe der Hausnummer geirrt.

Ich suche Familie Hahn in der Hohenzollernstraße und lese „Hahn, Alfred, Bankier, Hohenzollernstraße 5.6". Ab 1937 steht dort: „Hahn, Alfred, Bankdirekt. i. R. (...)".

1940 gibt es keine Eintragung mehr.

Rudolf Hahn aus der Herwarthstraße lässt sich 1938 als Direktor eintragen; ein Jahr später gar nicht mehr.

Ich schreibe eine E-Mail an die Urgroßnichte von Alfred Hahn, die mir unbekannte Sophie F. Ich frage sie, ob die Familien Hahn aus der Hohenzollernstraße und Herwarthstraße miteinander verwandt sein könnten. Sie antwortet mir freundlich und ausführlich, hält aber eine Verwandtschaft zwischen den beiden Familien für unwahrscheinlich. Sie schreibt, dass sie auch noch kein lückenloses Bild von den Schicksalen ihrer Verwandten habe und ermutigt mich, jeder Spur nachzugehen.

Ich lade meine Schwester und meinen Bruder ein. Wir tauschen unsere Erinnerungen zu dem Kinderfoto und den drei lebensschweren Sätzen unseres Vaters aus. Es zeigt sich, dass unser jüngerer Bruder viel mehr weiß als wir Schwestern. Er wuchs in Potsdam heran, als unser Vater nicht mehr durch das Leben hastete wie in unserer Kinderzeit. Wir stellen fest: Vater hat nach dem Kriegsende zu der Hausschneiderin von Familie Hahn aus der Herwarthstraße 7 Kontakt gesucht. Sie lebte noch. Sonst hätte er sie nicht als Zeugin benennen können. Sie wird ihm über das weitere Schicksal der Familie erzählt haben. Wir drei sind uns ganz sicher, dass Vater über alles unsere Mutter informiert hat. Mein Bruder mutmaßt, dass die Frau Hahn, die unser Vater noch zusätzlich mit ihrem Geburtsnamen benennt, Lola geheißen habe. Es gäbe eine Lola Hahn-Warburg, die über den Kreis ihrer Familie bekannt geworden sei. Ihre Spuren sollte ich suchen. Außerdem hatte unser Vater Kontakt zu dem Pädagogen Dr. Kurt Hahn, dem Gründer der Schule Salem. Er bot, als er den Plan zur Emigration fassen musste, dem jungen Dr. Scheele an, mit ihm in Schottland zusammen zu arbeiten. Das heißt, unser Vater hat Dr. Kurt Hahn 1933 kennen gelernt, in dem Jahr, als Hahn aus dem Schuldienst entlassen wurde. Vater hatte das Angebot abgelehnt, weil er seine Mutter nicht allein in Berlin lassen wollte.

Noch etwas bringt unser Bruder ins Gespräch: Er hat einen getöpferten, vielfarbigen Aschenbecher aus dem Hausrat unserer Eltern. Vater hatte ihn von Umzug zu Umzug mitgenommen. Die Unterseite des Aschers ist mit einem „B" signiert. Wir drei bestärken unsere gemeinsame Erinnerung, dass unser Vater sich in seiner Lehrarbeit von der Erlebnispädagogik des Dr. Kurt Hahn leiten ließ. Töpfern und Buchstaben aus Keksteig backen reihte er in die „tätige" Erziehungsarbeit ein. Den Aschenbecher hat einer seiner Schüler getöpfert, bemalt und signiert; ein Kind, dessen Vorname mit „B" anfing.

Ich erwäge, ob ich meinen Weg zu den unbekannten drei Kindern verkürze. Eine entfernt wohnende Wahlverwandte besuchte einst Schloss Salem. Sie könnte mir sofort Auskunft geben zu Dr. Kurt Hahns Familienbeziehungen.

Ich lasse es. Inzwischen hat sich das Gefühl eingenistet, dass ich einen Auftrag habe, der mich fesselt.

Wieder nehme ich mir das Internet zur Hilfe. Ich erfahre, dass Dr. Kurt Hahn ab 1920 persönlicher Berater von Prinz Max von Baden war. Das erklärt mir die Nachfrage der Museumsmitarbeiterin. Später, in Schottland gründete er Gordonstoun, die Schule für Kinder von gekrönten Häuptern und namhaften Politikern aus aller Welt. Vaters Leben wäre bei dieser Weichenstellung ein ganz anderes geworden. Aber er war auch so ein Sonntagskind und glücklich mit seinem Leben.

In welchem Verhältnis standen nun Dr. Kurt Hahn und Lola Hahn-Warburg? Darüber ist nichts zu finden. Aber die Frau ist bemerkenswert. Es gibt viel über sie im Internet zu lesen. Sie war die älteste Tochter des Bankiers Max Warburg aus Hamburg. Im Caputher Haus von Albert Einstein findet sich für 1931 eine Gästebucheintragung von Lola Hahn-Warburg und ihrem Begleiter Chaim Weizmann, dem späteren Präsidenten von Israel. Sie galten beide als Liebespaar.
Nach dem Novemberpogrom 1938 erbat eine Gruppe um den Politiker Chaim Weizmann vom englischen Premier Chamberlain Hilfe für jüdische Jugendliche. Sie sollten in das britische Mandatsgebiet Palästina ausreisen dürfen. Das britische Kabinett lehnte die Bitte ab: Die Einwanderungsquote für Palästina sei ausgeschöpft. Nach einer Parlamentsdebatte durfte eine Anzahl von Kindern und Jugendlichen ohne die Begleitung ihrer Eltern nach England kommen. Für jedes Kind musste eine Bürgschaft von 50 Pfund hinterlegt werden. Staatliche Mittel wurden nicht zur Verfügung gestellt. Etwa 10 000 Kinder aus Deutschland, der Tschechoslowakei, Polen und Österreich konnten so gerettet werden. Unter ihnen waren Hans Jacobus, der später in der DDR ein bekannter Journalist war, und Andre Asriel, dessen Kompositionen in der DDR viel gespielt wurden.
Zu den Organisatoren des Kindertransports zählte Lola Hahn-Warburg.

Eine engagierte Kollegin aus vergangenen Universitätstagen, die schon längst mir eine Freundin geworden ist, weiß von

meinem Suchen nach den drei Kindern. Sie mailt mir eine Todesanzeige aus „Die Zeit", 16.12.1960, Nr.51:
„Nach einem erfüllten Leben starb am 7. Dezember 1960 in New York unsere geliebte Mutter, Schwiegermutter und Urgroßmutter Frau Alice Warburg, geb. Magnus, in ihrem 88. Lebensjahr. Eric M. Warburg, Lola Hahn, geb. Warburg, Renate Lady Calder, geb. Warburg, Anita Warburg, Gisela Wyzanski, geb. Warburg, Dorothea Warburg, geb. Thorsdi, Rudolf Hahn, Charles E. Wyzanski, neun Enkel und sieben Urenkel, Hamburg-Blankenese, Middleton, Cheney bei Banbury, England, Elgin, Schottland, New York, N.Y., USA, Cambrigde, Mass., USA."
Hiermit weiß ich, 1960 lebten noch Lola Hahn-Warburg und Rudolf Hahn, die einst in der Herwarthstraße 7 gewohnt hatten. Sein Name war mir aus dem Telefonbuch bekannt, ihr Nachname aus den drei Sätzen meines Vaters. Ich nehme jetzt fest an, dass sie ein Ehepaar waren.
Ob unter den neun Enkeln die drei Kinder auf der weißen Gartenbank dabei waren, erfahre ich nicht.

Die Namen der Hahn-Familie und der Warburgs gestalten sich für mich zu einem Gordischen Knoten. Ich suche eine Familienaufstellung der Warburgs und finde sie bei „Descendants of Salomon Benedict Goldschmidt and Reichel Cassel". Der Ahnenfolge ist der Satz vorangestellt: „This is one of the most philanthropie families in the world."
Es sind weit mehr als zweihundert Familienmitglieder mit ihren Lebensdaten aufgeführt.
Beim Suchen treffe ich auf den ersten Warburg 1864 bei der Heirat von Charlotte Oppenheim und Moritz Warburg. Es sind die Großeltern von Lola. Diese erscheint nach ihren Eltern Max und Alice Warburg inmitten ihrer Geschwister Eric, Renate, Anita, Gisela: „ 2.9.1.3.2. Lola Warburg (1901-1989), m.1921 Rudolf Hahn", also verheiratet mit Rudolf Hahn. Ihre Kinder werden nicht erwähnt, da sie den Namen Hahn getragen haben.

Ich merke, dass die Warburgs mich sehr interessieren, aber ich suche eigentlich eine Spur zu den Kindern auf dem Foto, deren Eltern ich jetzt benennen kann – Lola und Rudolf Hahn, wohnhaft bis 1938 in einer Villa in der Herwarthstraße 7, Berlin-Wannsee.
Die Verbindung zu Dr. Kurt Hahn, dem mein Vater in diesem Haus oft begegnet sein muss, erschließt sich leicht. Die Bestätigung finde ich später: Rudolf und Kurt waren Brüder, Lola war die Schwägerin von Kurt.
Die Spur der Warburgs führt mich aber nicht weiter, konstatiere ich.

Mein Bruder meint, ich soll noch einmal alles aus dem Reisekorb – unserem Archiv – heraus nehmen. Unser Vater hat Tagebuch geführt. Das weiß ich auch. Er unterteilte in seinen letzten Lebensjahren seine Kalendereintragungen in einen familiären und einen politischen Teil. Diese „Tagesplanbücher" hatten das Format 16 x 10 cm, einen Kunststoffeinband, wurden in Zwickau in der Volksdruckerei hergestellt und hatten den Einheitsverkaufspreis von 4,60 Mark. Nur diese Tagebücher kenne ich.
Mein Blick war auch nur auf dieses Format fixiert! Jetzt finde ich in den Lücken zwischen den Fotoalben, Dokumentenmappen und gebündelten Briefen vier unscheinbare kleine feste Heftchen und ein wunderschönes größeres. Es ist mein Fund! Unsere Mutter wird sie wohl gelesen haben. Aber seitdem keiner. Es sind die Kalender von 1929, 1930, 1931, 1932, 1934, 1935, 1936. Der von 1933 fehlt. Leider.
Ich nehme mir jetzt nicht die Zeit, alles chronologisch zu lesen. Aber ein wenig blättere ich in den ältesten Kalendern. Diese Lebenszeit meines Vaters ist die meines Enkels heute. So habe ich Günter Scheele noch nie aus der Nähe gesehen. Auf den letzten Seiten des Buches von 1932 hat er „Meine politischen Referate" mit Thema und Datum notiert. Es sind 41 Veranstaltungen zwischen Dezember 1930 und März 1933; die Themen sind vielfältig – zur politischen Lage, Panzerkreuzer-

bau, Tolerierung oder nicht, Hindenburg, Papen-Kabinett, Preußen-Wahlen, Schlagt Hitler! Manchmal schreibt er auch Zahlabend, Landagitation, Bezirkskonferenz, Jungwähler-Appell.

Drei Jahre zuvor bewirbt er sich am 8. Mai im Adlon um die Begleitung der jüdischen Millionärsfrau Zissu und Sohn und fährt am 13. Mai mit ihnen im Schlafwagen 1. Klasse nach Villa d' Este am Comer See. So beginnt seine exquisite Rundfahrt durch Europas Süden. Im jetzigen Jahr 2009 wurde der alte Palast unter achthundert Luxushäusern zum schönsten und besten Hotel der Welt gekürt. Ich frage mich, welcher Welt sich Günter zugehörig fühlte – noch immer ohne feste Arbeit, mit dem Bruder bei der Mutter wohnend.

Die schmalen Heftchen lege ich beiseite, aber griffbereit. Nun nehme ich mir das größere. Es ist in cognacfarbenes feines Leder gebunden und mit geschwungener Goldschrift verziert: „Drei Jahr Buch". Mein Vater setzt auf die erste Innenseite einen großzügigen Namenszug.

Für jeden Tag gibt es eine Seite, die in drei gleich große Abschnitte untereinander geteilt ist: 1934 / 1935 / 1936. Dadurch kann ich mit einem Blick den 1. Januar dreier Jahre erfassen: „1934. Gesund und mit guten Vorsätzen starte ich nach einer fröhlichen Sylvesternacht (…) ins neue Jahr. 2. Lehrerprüfung und Staatsexamen sind die äußeren Aufgaben. (…) Erhalte Karte von Frau Henning aus den Alpen.
1935. Das neue Jahr als Soldat in Neustrelitz. Haben Ausgang. Lerne gehorchen, gutes Mittel gegen das Wannsee-Frauenjahr 34. Härte, Einsatz, Gemeinschaft statt Weichheit, erotische Konversation und Modesorgen. (…) Soldat statt Hauslehrer und Hausfreund. 1935 steht unter günstigeren Zeichen. Ich werde lange Zeit brauchen, um diese ‚Welt' zu vergessen. Es muss vernarben.
1936. Der erste Tag ohne Sorge, in Winterlandschaft, als Sportlehrer und Ordinarius der O III,
stellvertretender Fachberater, Mitarbeiter der Lehrerzeitung, ohne Weiberaffären, voller Pläne und Kraft; so will ich das neue

Jahr nehmen. (…) 36 muss Rekordjahr werden. Ich bin 30 Jahre, starte!"

Bevor ich systematisch alles über 1934 lesen werde, betrachte ich noch einmal dieses wunderschöne Buch. Es ist mit Sicherheit das kostbarste Tagebuch im Leben meines Vaters. Es wurde in der Papierhandlung von Otto Ebeling in der Kurfürstenstraße 120-121 gekauft; ich bin ganz sicher, von einer der reichen und schönen Frauen aus der Wannsee-Frauenzeit.
Der 2. Januar gibt mir ein Rätsel auf. Irgendein Angsttraum quält ihn, mit Eifersucht und schwerer, aber siegreicher Schlägerei. Ein Dr. H. ist sein Gegner.
„3. Januar: Schulanfang in Wannsee. Frau H. entschuldigt ihre Kinder per Telefon von Partenkirchen. Frau Hahn in Hamburg zur Beerdigung von Melchior. Oscar Hahn in den 10 Tagen verwildert. Er versucht harten, befehlenden Ton. Seine schlechten Leistungen in Latein drängen ihn in eine Widersetzlichkeit. Ich kann nur aus Instinkt pädagogisch handeln, nie überlegt."
Oscar heißt der Junge auf dem Foto! Wie der Gründer der Hahnschen Werke! Oskar und Charlotte Hahn, so stand es in der Ankündigung der Ausstellung, die im Heimatmuseum Charlottenburg nie zustande kam. Sie sind die Großeltern von Oscar, die Eltern von Rudolf und Dr. Kurt Hahn und Lolas Schwiegereltern. Mein Vater schreibt den Namen seines Schülers mit einem c.
Die Mutter, also Lola Hahn-Warburg, weilt in Hamburg. Wer ist Melchior? Meinem Vater scheint der Name geläufig zu sein. Ich erfahre bei Wikipedia: Carl Melchior starb am 30.12.1933. Er war Politiker, Jurist, Bankier und Teilhaber von M.M. Warburg & Co. Er leitete die deutsche finanzpolitische Delegation bei den Verhandlungen über den Friedensvertrag von Versailles. Zu der Delegation gehörte auch Max Warburg, Oscars anderer Opa aus Hamburg.
Am 5. Januar bringt Frau Henning die Kinder. „Sehen erholt und lustig aus. Freuen uns herzlich. Die getrennt verlebten Tage machen scheu und skeptisch."

Vater benutzt „Frau H." manchmal für Frau Hahn, manchmal für Frau Henning. Also, von Familie Henning kommen auch Kinder zu meinem Vater. Die Namen kenne ich noch nicht. Die Hennings-Kinder könnten eigentlich auch auf dem Foto sein! Ich muss mich hüten, meine Wünsche für Tatsachen zu halten!

„12. Januar: Habe starke Herzschmerzen, Schweiß. Mit Frau Hahn Plan einer Heimschule besprochen – Haus und Boden gäbe sie mir. Frau H. schenkt mir Goethes West-östlichen Diwan."

Die nächsten Tage werden von der Angst beherrscht, einen Herzklappenfehler zu haben, den ein Arzt diagnostiziert hat.

„Ich kann es nicht fassen, dass ich krank sein soll. Ich glaube, dass dadurch eine Vertiefung meines ideenarmen Lebens eintreten würde. Es bedeutet völliges Aufgeben und eine Haltung zur asketischen Arbeit. Frau H. sehr besorgt um das Herz. Aber sie ist egoistisch, sie denkt nur an sich. Wenn ich es so wollte, könnte ich sie lieben, aber sie hat einen anderen Freund. Sie macht auf mich einen großen Eindruck. Ihr Herz ist gut."

Die Einschätzung von Lola Hahn schreibt mein Vater in Englisch. Immer, wenn wir Kinder in Gesprächen unserer Eltern etwas nicht verstehen sollten, wechselten sie ins Englische. Wer sollte die Sätze über Frau Hahn nicht verstehen?

Mein Vater weiß also von der Affäre mit Chaim Weizmann; sie werden sich gesehen haben.

Frau Hahn schickt ihren Hauslehrer zu einem anderen Arzt: „Herz gesund, trockene Rippenfellentzündung. Unglaublich, wie stark mein körperliches Befinden von meinem seelischen Zustand abhängt. Ich bin obenauf."

„20. Januar: Aufführung von Hänsel und Gretel zu Gunsten der Winterhilfe in Wannsee. 130 RM können wir den Armen geben. Die Kleinen haben hingebend gespielt. Armer Oscar, muss auf dem Stuhl sitzen und alle Kinder rennen zum Hexenhaus und naschen. Wie muss das Herz leiden. Ich bin bei ihm. – Sitzen mit Herbrand bis 10."

Es ist so, Oscar ist gehbehindert. Wie schwer die Lähmung ist, darüber schreibt mein Vater nichts. Aber ich weiß, dass mein

Vater unter körperlichen Defekten anderer Menschen schwer gelitten hat. Den Namen Herbrand lese ich zum ersten Mal. Ist es ein Vor- oder Nachname?

„24. Januar: Fehle zum 1. Mal in Wannsee. Rippenfellentzündung. Denke viel. Bin wieder sachlich. Wie muss nach den Gesetzen der Geschichte sich die Lage entwickeln? Ist der Nationalsozialismus nicht doch nur der letzte Versuch der bürgerlichen Klasse, sich und den Privatkapitalismus zu halten? (…)"

„4. März: Verhandle mit Baronin Rothschild über Unterricht ihrer Tochter Nina. Schule bei Henning, Hahns in der Schweiz. Herr H. verreist. Bin den ganzen Tag bei G."

Den Kontakt zu Rothschild wird Frau Hahn vermittelt haben. Nina Naomi Louisa Rothschild wurde 1920 geboren. Die Mädchen auf dem Foto sind noch keine 14 Jahre alt. Nina Rothschild wird nicht auf dem Bild sein.

Wenn Familie Hahn in die Schweiz gefahren ist, dann heißt der verreiste „Herr H." Dr. Henning. In dessen Haus findet vorübergehend die Schule statt.

Günter ist der Hausfreund von G. Er hält sich dort den ganzen Tag auf. G. heißt Gertrud, lese ich:

„9. März: Besuche die Montessori-Schule der Baronin Rothschild unter Leitung einer Lehrerin Hörnemann am Pariser Platz. Soll die Tagebücher der Baronin ‚bearbeiten'. Liebesleben der großen Gesellschaft. Gertrud eifersüchtig."

„26. März: Gertrud H. Geburtstag. Mit Rosen und dem Bild beglückwünscht (…). Gehen nach Schule durch den Wald nach Potsdam. Essen in Moorlake. Herbrand kommt mit Bruder. Sie betont Liebe zu mir. Eva, Kellners kommen. Herbrand ist überflüssig. Bei Tisch Diskussion über Vererbung (…)."

Offensichtlich ist Herbrand Henning ein Schüler meines Vaters; sein Bruder noch nicht. Sonst wäre er für meinen Vater nicht namenlos.

„28. März: Schulschluss. Gertrud fliegt nach Neapel zu ihrem Mann. Bin schon um 8 Uhr bei ihr. Herzlicher Abschied. Zensurenverteilung bei Hahns (…).

13. April: Beginne in Wannsee mit 2 Klassen = 10 Kindern das neue Schuljahr. Unterricht bei Hahns. Verdiene 400 RM mit 3 Tagen Dienst. Aber es ist abseitig. Ich will zur Staatsschule zurück. Für die Vertiefung meiner pädagogischen Erkenntnisse ist diese Schule hier sehr gut. Kind und Eltern kenne ich genau, und man muss einmal ein Kind richtig beobachtet haben, um sich allgemein eine feste Anschauung vom Kind und der Bildung seiner Seele zu erarbeiten (…).
8. Mai! Heute 2. Lehrerprüfung mit Gut bestanden. Geschichte, Erdkunde, Turnlektion.(…)
20. Mai: Fahren nach Hiddensee (…).
21. Mai: Sind oben am Leuchtturm, die Wiesen sind saftig grün, ein starker Wind braust uns ins Gesicht. So viel Glück! Sitzen im Klausner und ich entwickele Gedanken über einen Bildungsroman a' la Wilhelm Meister des 20. Jahrhunderts: statt Kunst Politik, von 1903 durch Krieg, Demokratie, 3. Reich, Krieg, zum deutschen sozialistischen Arbeiterstaat. Gehen im Dunklen über die Wiesen nach Vitte. Eigentlich müsste uns so viel Glück von innen sprengen (…)."
Ich verliere mich in Vaters Liebe zu Gertrud.
„27. Juni: Mündliche Prüfung zum Mittelschullehrer. Bestanden. Treffe mich mit Gertrud im Mokka Efti Wannsee. Sie freut sich sehr.
28. Juni: Gertrud fährt mit den Kindern um 9h nach Hiddensee. Bin mit Benita und Franziska am Wagen. Wir winken noch lange."
Benita. Das große „B" am Aschenbecher! Ist es das Mädchen rechts oder links von dem Jungen, den ich schon Oscar nenne? Wer ist Franziska?
„1. Juli; Irrtum: schon am 30.: Große Ferien: Fahre mit Frau Hahn, Oscar und Benita nach Hamburg-Kösterberg. Am Bahnhof Frau, Herr und Sohn Erich Warburg. Kösterberg-Park wird mir vom alten Warburg und Gisela gezeigt. Unten die Elbe (…).
Nach Tisch – Smoking – Nachricht: Röhm-Revolte. Große Diskussion: Der ‚Alte' sieht darin eine ‚Weichenstellung' (…). ‚Sie':

,Heute haben wir niemand, sonst hatten wir alle Welt zur Erkundigung.' Ich kann es nicht fassen, glaube an keine Revolte gegen Hitler."
Nach dem Sommer.
„12. Oktober: Nach langem Kampf: Ich bleibe in Berlin. Komme als Hilfsturnlehrer zur Walter-Flex-Schule Adlershof. Verhandle mit Frau Hahn um die Weiterführung der Heimschule. Sie habe eine jüdische Lehrkraft(…)."

Mehr finde ich nicht über die Zeit in Wannsee. Aber die Eintragung über den Besuch in Hamburg gibt mir die Gewissheit, dass Sohn und Tochter von Rudolf und Lola Hahn Oscar und Benita heißen. Ob sie die Kinder auf dem Foto sind? Ich hoffe es. Wer das dritte Kind ist, bleibt unbekannt; vielleicht eine Franziska? Mir bleibt auch verschlossen, wie mein Vater zu der Familie Hahn 1933 gekommen ist; möglicherweise über sein Verhältnis zu Gertrud Henning. Sie hatte ihm zu Neujahr 1934 eine Karte geschrieben – so steht es in der ersten Tagebucheintragung. Sie schreibt ihm noch einmal; zu Neujahr 1936. Er wird die Karte unbeantwortet gelassen haben und vermerkt nur, wie weit entfernt sie ihm innerlich geworden ist. „Angst, Feigheit und Schuld habe ich durch sie kennen gelernt. Es war vieles ungesund. Ich bin froh, dass es fern ist."
Das Tagebuch 1935 enthält wenige Eintragungen. Von der weiteren Betreuung Oscars hat Günter nichts vermerkt.
So schnell will ich mich von der fremden Welt am Wannsee nicht verabschieden. Ich möchte mir noch vorstellen, wo Familie Henning gewohnt hat. Das alte Adressbuch gibt gleich dreimal Auskunft über „Dr. H.":
„Henning, Dr. phil. Chemik., Wernerstraße 2-5, Wannsee.
Henning, Dr. Georg Friedrich, Chemische Fabrik, N 54, Schwedter Straße 9.
Henning, Dr. Georg, chemisch-pharmazeutisches Werk G.m.b.H., gegr. 1913, Tempelhof, Komturstraße Nr. 19."
Der dreimalige Vermerk spricht von einer gewissen Bedeutung der Person. Die Privatadresse in der Wernerstraße erschließe

ich mir wiederum mit dem Satellitenblick. Gertrud Henning wird den Schulweg mit ihren Kindern zu Fuß gegangen sein, einige hundert Meter von der Herwarthstraße entfernt und auch unweit von der Hohenzollernstraße, wo die andere Familie Hahn – der Direktor der Dresdner Bank – gelebt hat. In meinen Gedanken kannten sie sich alle.

Wikipedia hält eine Informationsseite über Dr. Henning bereit: Lebensdaten 1863-1945; er erfand eine Methode zur künstlichen Herstellung des Schilddrüsen-Hormons Thyroxin. Seine pharmazeutische Produktion ist heute Teil des Sanofi-Aventis–Konzerns.

Ich setze hinzu: unglückliche Ehe, großer Altersunterschied zwischen Georg und Gertrud, häufige räumliche Trennung, große Anhänglichkeit der Frau meinem Vater gegenüber.

Mit einer unerwartet heftigen Intensität werde ich an diese heimliche Verbindung erinnert, als ich am nächsten Morgen auf dem Bettrand sitzend meine Schilddrüsentablette einnehme, auf die silberfarbene Umhüllung blicke und auf den Namen „Henning" starre.

Das sind die Augenblicke, wo ich so gerne meinen Vater sprechen möchte, wo ich etwas von seinen Gefühlen hören möchte. Vorbei. Aber meinem Bruder erzähle ich das am Telefon. Auch er wusste nichts von Gertrud. Dafür kann er sich erinnern, dass mein Vater vehement den Wunsch unserer Mutter ablehnte, ihm zum 70. Geburtstag eine neue Uhr zu schenken. Ich kannte all die Jahre nur eine Uhr an seinem linken Handgelenk, unauffällig und sehr zuverlässig. Jetzt wurde sie gegen eine goldene eingetauscht. Nur unserer Mutter zuliebe nahm er die alte Uhr ab und putzte sie sorgfältig, was die Uhr noch nie erlebt hatte, und legte sie in den Schreibtisch. Seine fast schmerzliche Trennung von der alten Uhr bemerkte mein Bruder und befragte die Mutter, welche Bewandtnis es mit diesem fast fossilen Stück hätte. „Ach, nichts weiter. Ist ein Geschenk von einer alten Freundin." Die goldene Uhr blieb ungeliebt. Die Augen wollten sich nicht an das neue Zifferblatt gewöhnen.

Soviel zu Gertrud. Ich weiß nichts weiter von ihr. Herbrand, der Sohn, wird auch in die Pharmazie gegangen sein, denn seinen ungewöhnlichen Vornamen fand ich als Firmennamen: Die Dr. Herbrand KG wurde im Jahr 2004 von der Riemser Arzneimittel AG übernommen und als Geschäftsbereich Dr. Herbrand in das Unternehmen integriert. Dieser Bereich ist zuständig für Arzneimittel bei Schilddrüsenerkrankungen.

Ich finde zurück zur Suche nach den drei Kindern auf der weißen Bank.
In den „Quellen zur Geschichte des III. Reiches" im Internet lese ich die Aufstellung der „Enteigneten und expatriierten Personen 1933-1945" und schreibe mir die alphabetisch geordneten Namen heraus:
Hahn, Benita Bettina Theodora.
Hahn, Charlotte.
Hahn, Kurt.
Hahn, Lola Nina Helene, geb. Warburg.
Hahn, Oskar.
Hahn, Oskar Rudolf Eric Max.
Hahn, Rudolf Heinz Erik Leopold .
Das ist der enge Kreis der Familie Hahn – das Ehepaar Lola und Rudolf mit dem Schwager bzw. Bruder Kurt, die zwei Kinder Benita und Oskar, deren Großeltern Oskar und Charlotte.
Soweit habe ich Klarheit.
Ich suche in einer Photo Gallery bei images.google Aufnahmen von Hahns und Warburgs und finde welche von Lola und Chaim Weizmann, Lola neben Prinz Philip, dem Gemahl der Queen, Lola und ihr Vater Max. Familienfotos von Hahns sind nicht dabei.
Aber ich entdecke bei dem nun schon fast ziellosen Herumsuchen, dass über die Warburgs mehrere Bücher geschrieben wurden. Es dauert nur einige Tage und ich bin im Besitz eines abgegriffenen Exemplars von Ron Chernows Roman „Die Warburgs. Odyssee einer Familie". Ein Buch von 950 Seiten

liegt vor mir. Ich beschränke mich auf das Register und komme schnell ans Ziel.

Den Namen Benita finde ich unter C: Cioppa, Benita Hahn, S.851. Über sie steht dort die Bemerkung, dass sie den italienischen Marineadmiral Egidio Marco Cioppa geheiratet hat.

Ihr Bruder Oscar führte trotz seiner Kinderlähmung ein erfülltes Leben, lese ich. „Nach dem Schulbesuch in Gordonstoun und einem Studium in Cambridge trat er in Rudolfs Firma BKL Alloys ein. Er war lustig und liebenswert, ein großartiger Erzähler – wenn auch mit einem Anflug von Lolas Überheblichkeit(...). Sein Tod bedeutete für sie einen entsetzlichen Schlag." (S.850) Aus dem Stammbaum der Warburgs entnehme ich, dass Lola Hahn-Warburg von 1901 bis 1989 gelebt hat, ihr Mann Rudolf von 1897 bis 1964. Die Lebensdaten ihrer Kinder Oscar und Benita werden nicht erwähnt.

Im Register stoße ich auch auf das „Warburg Institute", das – so lese ich im Text – sich in London befindet. Die Adresse entnehme ich dem Internet. Wie immer muss ich mich in die geografische Lage hinein fühlen und suche im Londoner Stadtplan den Woburn Square. Viel anschaulicher zeigen mir die maps, dass das Institut in absehbarer Entfernung nördlich vom großartigen British Museum liegt. Weniger als zweihundert Meter östlich entdecke ich überrascht eine Herbrand Street. Das bedeutungslose Nebeneinander der zwei Namen, Warburg und Herbrand, sehe ich wie ein bedeutsames Zusammenstehen von Schülern aus der Wannsee-Vergangenheit.

Im „Annual Report 2007-2008" des Warburg Instituts finde ich unter „Advisory Council of the Warburg Institute" die Mitgliedernamen, dabei zwei Repräsentanten der Warburg-Familie: Prof. John Prag und Mrs. Benita Cioppa.

Ich habe mein Ziel noch nicht erreicht, aber ich fühle mich ihm ganz nahe. Das letzte Vermittlungsband zu dem kleinen Mädchen Benita wird mein Brief, den ich an das Warburg Institut nach London schicke.

Der Brief enthält die Fragen nach der Heimschule in der elterlichen Villa, nach den Schülern, den befreundeten Familien und

den drei Kindern auf der weißen Bank. Das Foto lege ich bei und auch eins von meinem Vater aus den dreißiger Jahren.
Ich habe die Hoffnung, dass das Warburg Institut den Brief an Benita Cioppa weiterleitet. Eine erwartungsvolle Sicherheit begleitet mich die kommenden Tage.
Der Anruf kam überraschend an einem Abend. Ich konnte nur einen Bleistift und einen Notizzettel greifen, weil ein halber Meter Telefonkabel mich zurückhielt.
„Cioppa", hörte ich. Sie sprach es wie „Zoppa" mit freundlicher, heller Stimme.
Sie ist Benita, das kleine Mädchen mit dem Strickmützchen auf dem Foto. Neben ihr sitzt ihr Bruder Oscar. Das dritte Kind kennt sie nicht. Am 1. September 1938 ist die Familie ohne jeglichen Abschied aus Deutschland gegangen. Ihre Eltern haben nie mehr mit ihr über die Zeit in Wannsee gesprochen. Sie ist auch nie dorthin zurückgekommen. Sie hat nie eine deutsche Schule besucht. Sie kennt meinen Vater nicht. Nein, sie weiß auch nichts von einem getöpferten Aschenbecher. Sie hat an die ersten Jahre ihres Lebens keine Erinnerungen.
Jetzt ist sie 82 Jahre alt und lebt in Lucca.
Frau Cioppa erzählt und erlaubt meine Zwischenfragen.
Oscar wurde 1923 geboren. Er hatte Kinderlähmung und war dadurch gehbehindert. Bei allem war er ein lebensfroher, humorvoller Mensch und ein begnadeter, erfindungsreicher Ingenieur. Er hatte in Cambridge studiert und in der Firma seines Vaters gearbeitet. Dort machte Oscar eine große Karriere. Er heiratete und hatte vier Kinder. Als Rudolf Hahn starb, zeigte es sich, dass dem Sohn das Management nicht lag. Die Firma BKL Alloys wurde verkauft. Oscar begeisterte sich für das Segeln. 1982 erlitt er auf seinem Segelboot einen Herzschlag. Seine Witwe und die vier Kinder leben bis heute in Schottland.
Sie, Benita, hatte Kunstgeschichte in den USA studiert. Ihre wichtigsten Lebensorte waren Brüssel, Paris und Florenz. 1951 hatte sie geheiratet. Ihr Mann war als Marineadmiral lange Zeit bei der Nato in Brüssel stationiert. Sie hat sechs Kinder.

Ich erinnerte mich still an die Stelle in Ron Chernows Roman über die Warburgs, wo nach Benitas Hochzeit die Mutter Lola den Admiral beschwor, „nicht gleich ein Dutzend Kinder" in die Welt zu setzen.

Es kam auch gleich die Einschätzung von Frau Cioppa, dass ihre Mutter eine wunderschöne und bedeutende Frau war, aber es sehr schwer gewesen sei, ihre Tochter zu sein.

Ihre sechs Kinder leben in den USA, in England und Italien. Vor 14 Jahren starb ihr Ehemann. Bald danach hat sie den Entschluss gefasst, Florenz zu verlassen und nach Lucca zu ziehen. In Florenz würde alle Kunst der Welt auf Leonardo zurückgeführt werden, anderes würde nicht gelten, und diese Borniertheit wollte sie nicht mehr ertragen. In Lucca läuft sie noch immer auf den Festungsmauern um die Stadt, die sie sehr liebt.

Vor einigen Zeiten war sie mit der ältesten noch lebenden Schülerin von Schloss Salem, Alice Ricciardi-von Platen, in Schottland gewesen. Dort, wo Kurt Hahn sein Gordonstoun gegründet hatte, lebt ein Schriftsteller, der über das Leben von ihrem Onkel Kurt ein Buch schreibt und die alten Damen befragt hat. [Nachtrag: Dr. Alice Ricciardi–von Platen, 1910-2008, Ärztin und Psychotherapeutin, Mitglied der Beobachterkommission unter Leitung von Alexander Mitscherlich beim Nürnberger Ärzteprozess 1946/1947, Autorin von „Die Tötung Geisteskranker in Deutschland", 1948.]

Mit unserem Gespräch war eine lange Zeit vergangen, als sie meinte, nun müsse sie in die Küche. Heute käme noch eine Tochter zu ihr zum Abendessen. Sie gab mir die Telefonnummer und lud mich ein, sie zu besuchen, wenn ich mal wieder in Lucca sei.

Ich war ihr sehr dankbar für den Anruf und für ihr bereitwilliges Erzählen. Das war mehr, als ich am Anfang des Suchens nach den drei Kindern auf der weißen Bank erhofft hatte.

Es bleibt die Frage, wer ist das skeptisch blickende Mädchen auf der Bank, das dritte Kind?

Ich komme nicht weiter. Auch das Tagebuch sagt mir nichts Neues mehr. Mit meinen Gedanken bin ich immer auf der Suche nach einer Lösung. Ich überlege, dass ich von ähnlichen Lebensumständen in Franziska S.s Buch über ihre Mutter gelesen habe. Ich lese es noch einmal, um meines Vaters Jahr 1934 in die Gesellschaft der Familie S. im Südwesten Berlins einzubinden. Es scheint zu passen! Das kleine Mädchen Franziska hatte auch einen Privatlehrer. Sie wurde wie Benita 1927 geboren. Ich suche Fotos von der Schriftstellerin. Ich glaube, Ähnlichkeiten zum Kinderbild zu sehen. Es wird zu einer fixen Idee. Als ich das merke, gebe ich die Suche auf. Irgendwann fragt mich mein Bruder nach dem Fortgang meiner Recherche. Ich bitte ihn, sich die Fotos von Franziska S. anzusehen. Er findet noch andere aus früheren Jahren und sagt mit Bestimmtheit, dass das Mädchen auf der weißen Bank Franziska S. ist. Er beruft sich auf ein Foto von 1962. Nun müsste ich sie selbst befragen können. Aber eine Adresse finde ich nicht. Ich lese einen Beitrag vom Deutschlandradio Kultur, gesendet 2007, am 80. Geburtstag von Frau S. Ich rufe den Hörerservice des Senders an und erfahre die Mail-Adresse der Moderatorin. Ich bitte diese, mir einen Kontakt zu Frau S. zu vermitteln und hänge das Kinderfoto an die Mail. Nun warte ich.

Drei Tage später erhalte ich die Antwort, dass eine Verbindung nicht zu vermitteln sei, vielleicht könnte mir aber der Verlag helfen, bei dem ihre Bücher erscheinen.

Ich erkläre dem Verlag den Sachverhalt und bitte um einen Kontakt. Einige Stunden später erfahre ich, dass mein Anliegen und das Bild an Frau S. weiter geleitet werden. Nun warte ich auf ihre tiefe, volle Stimme am Telefon. Ich habe sie mir bei YouTube angehört.

Wenn sie sich nicht meldet, so bleibt das Mädchen auf dem Foto für mich trotzdem Franziska.

Sie meldete sich nicht. Auch das spricht für Franziska S. Ich belasse es dabei.

Ich wüsste noch gern, welche Gedanken meinen Vater bewegt haben, als er 1960 nach Potsdam an die Havel zog, die ihre Wasser auch am Wannsee vorbei führt. Er wird sich dessen bewusst gewesen sein, dass das Haus in der Herwarthstraße keine zehn Kilometer von ihm entfernt war. Für die Schwäne vor seinem Haus war die Distanz in der Luft überwindbar.
Er war Rektor der Pädagogischen Hochschule Potsdam, Vertreter der DDR bei der UNESCO, Träger des Karl-Marx-Ordens. Seinen „politischen Zwischenfall" von 1937 hat er mit seinen Kindern nicht besprochen. Er lag in einer anderen Zeit und einer anderen Welt. Wir haben es später verstanden.

Übrigens: Im Juni 2009 erhielt die Kanzlerin der Bundesrepublik in Washington den Erich-Warburg-Preis. Ich schrieb an meinen Bruder ein Gedankenspiel:
„Deine ehemalige Kollegin von der Akademie empfängt von Obama einen Orden, der nach dem Bruder der Frau benannt wurde, die unseren Vater als Hauslehrer ihrer Kinder fürstlich belohnt hat."

Tonis Lebenshilfe:

Toni wünscht sich zu Weihnachten ein Zauberspiel. Wenige Tage später widerruft er dies: „Lieber doch kein Zauberspiel, sonst zaubere ich mich aus Versehen weg, und ich will doch noch auf der Erde bleiben!"

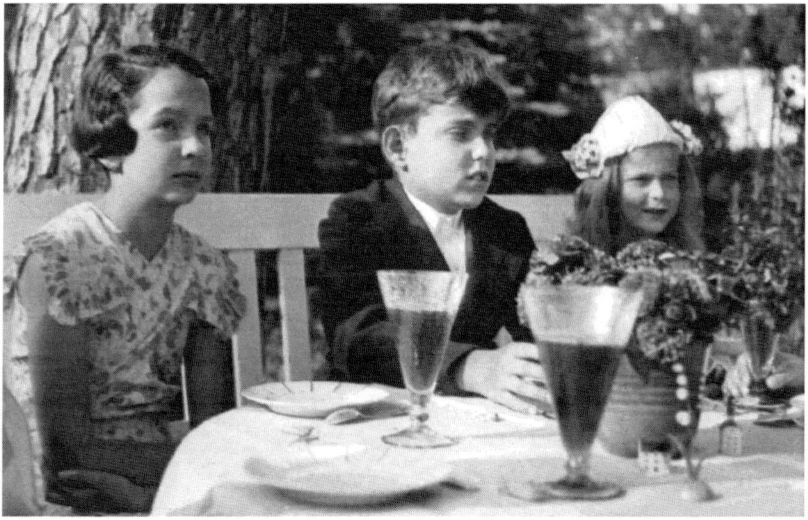

„Ankommen" (2009)

Ich bin umgeben von Worten mit gestutzten Flügeln.
„Wir sind gut aufgestellt." Höre ich da etwa die Militärsprache heraus?
„Ich bin ganz bei Ihnen." Ist das eine Anbiederung?
„Wir haben ein Paket geschnürt." Wer umwickelt heute noch ein Paket mit Schnur?
„Das muss auf den Weg gebracht werden!" Wie soll das geschehen?
„Ich bin bei mir angekommen." Ja, wie denn, mit dem Zug?
Bei diesen leeren Worten klebt mir die Zunge am Gaumen! Lieber in sieben Sprachen schweigen!
Modische Floskeln sind wie Dornen und Disteln. Sie sind unausrottbar wie Unkraut zwischen dem Weizen. Wieder und wieder gibt es eine neue Ernte dieser Sorte. Irgendwann gehen auch sie aus der Zeit, verweht sie der Wind wie Spreu. Aber genug der Worte mit eleganten Flügeln!
Bevor einer der Unkrautsprüche verwelkt ist, will ich für mich klären, ob nicht doch noch ein Sinneskeim darin zu finden ist.
„Ich bin bei mir angekommen" gehört zu den absterbenden Formulierungen. Durch die Gewöhnung an den Klang höre ich schon nicht mehr den Missklang.
Wann fühle ich mich „bei mir angekommen"?
Oft wünsche ich mir Ruhe und Zufriedenheit. Ich erhoffe Tag für Tag den glücklichen Moment, alles geschafft zu haben. Bin ich dann angekommen?
Das Zeitwort „ankommen" bereitet mir Schwierigkeiten. Es ist nicht nur ein Wort der Tätigkeit, sondern auch des Zustandes. Einerseits liegen in mir verschollene Glücksmomente, zu denen ich irgendwann sagen mochte, bleibt doch noch bei mir! Aber ich weiß um die Vergänglichkeit der Zustände. Auch beim Glück ist das Ankommen zeitlich bemessen. Das Ankommen wandelt sich lautlos zum Dasein. Währt das Glück länger, wird es Alltag und strahlt nicht mehr. Es sei denn, der Glückliche besinnt sich.

Andererseits zeigt mir mein Gedächtnis einen farblosen See mit einem Kahn am Ufer. „Angekommen" steht auf der Todesanzeige. Sie mehren sich.

Ein dritter Gedanke erwuchs erst in der zweiten Lebenshälfte. Bin ich der Mensch, der ich sein wollte, und somit bei mir angekommen?

Ich vergrabe mich nicht oft in diese Fragen. Denn das Werk lobt den Meister oder auch nicht. Erst seit dem letzten Jahrzehnt des letzten Jahrhunderts begann ich den Sinn zu bemessen. Ich fand mich inmitten eines völlig anderen Umfelds wieder und sah mich auch in einem anderen Frauenbild gespiegelt. Es befremdete mich und es empörte mich sogar. Da spürte ich, dass ich in einem Teil des Daseins, meiner Weiblichkeit, längst „angekommen" war, gleichwertig und unabhängig.

Also, bin ich die, die ich sein wollte? Ich wollte so viel, ich wollte viel mehr. Ich wollte Arktisforscherin, Pilotin, Tänzerin, eine Heldin werden. Meine Vorbilder entnahm ich Informationen, die aus einem Sechstel der Erde kamen. Mein Vater aber sagte, dass eines seiner Kinder Lehrer werden müsse, um die Tradition in vierter Generation fortzuführen. Er wies mir voller Liebe, aber mit Autorität, meine Lebensrolle zu. Ich folgte ihm. Ein „Ankommen" in allen Lebenslagen war mir gar nicht möglich. Gespräche über Selbstverwirklichung empfand ich als interessant, aber für mich nicht bedeutsam. Ich schleppte schwer an den Pflichten des Alltags, immer mit dem Streben, alles gut zu machen, alles zu schaffen. Trotz verbriefter Förderung und Gleichberechtigung blieb mir nicht der normale Zuschnitt eines Frauenlebens verborgen: Ich zählte zu den unzähligen Arbeitsbienen und ich nahm es hin. Mit diesem Mittelmaß befand sich mein Ich in Übereinstimmung. Etwas anderes schien mir nicht möglich. Ich gab mich zufrieden. Ich war zufrieden. Ist das auch „ankommen"?

Diese Frage ist eigentlich eine Luxusfrage! Welche Bedeutung hat sie bei Menschen, die auf der Flucht sind, die im Krieg leben, die von Geburt an krank sind oder beruflich ohne Perspektive?

Wie müßig erschien mir all das gedankliche Geschiebe um das „Ankommen", als ich mich für einige Tage an der polnischen Ostseeküste von Wolgadeutschen umgeben sah. Es war während einer Kur, als ich am Nebentisch der Großfamilie Platz nahm. Die neun Russen, so nannte ich sie bei mir, sprachen ein akzentfreies Deutsch. Sie sprachen etwas laut und ich mutmaßte ihre Absicht dahinter, als Deutsche wahrgenommen zu werden. Standen sie vom Tisch auf und waren sie unter sich, erklang ein kehliges Russisch.

An einem Morgen saß ich vor dem Massageraum neben der alten Mama. Sie war nicht viel älter als ich und schaute mich freundlich zu einem Gespräch auffordernd an. An diesem und an den folgenden Morgen erfuhr ich, neben ihr auf dem schwarzen Ledersofa sitzend und wartend, von ihrem Leben.

Sie ist eine Deutsche, sagte sie, nur zufällig in Russland geboren, da ihre Vorfahren von der Großen Katharina nach Russland gebeten worden waren. Sie kam 1936 in Engels an der Wolga zur Welt. Im August 1941 erließ Stalin den Befehl zur Aussiedlung der Deutschen aus der Heimat. Der Vater war schwer lungenkrank. Die Mutter bemühte sich vergebens, mit dem kleinen Kind und dem kranken Mann an der Wolga zu bleiben. Innerhalb weniger Tage war der Transport nach Osten in Gang gekommen. Vor dem Ural stoppte er. Der Vater starb im Alter von 29 Jahren. Die Mutter kam zur Trudarmia. Alle Kinder, die älter als drei Jahre waren, wurden von den Müttern getrennt. „Zwischen Müttern und schreienden Kindern standen in einer Reihe die Soldaten." Sie – ich weiß nicht einmal ihren Namen – lebte fortan bei einer blinden Frau, die nicht zur Arbeitsarmee musste. Das Kind holte Holz aus dem Wald, heizte den Ofen, trug Wassereimer von weither, besorgte den Haushalt und ging bald in die Schule. „Ich wusste nicht, warum mein Leben so furchtbar geworden war, wo war der Krieg, was war der Krieg? Ich war in der Fremde, in Baschkirien, nicht in meiner Heimat und ganz ohne Familie."

Die Mutter kehrte 1956 von der Arbeitsarmee zurück. Das Kind war inzwischen eine Frau geworden. Sie heiratete und bekam drei Kinder. Zuhause sprachen sie deutsch, sonst russisch, um nicht als Faschisten beschimpft zu werden. Auch nach Stalins Tod konnten sie nicht zurück an die Wolga. Ein neuer Erlass verbannte die Ausgesiedelten, die sich als Deportierte sahen, „auf ewig". Bis 1996 lebten sie in Baschkirien. Noch einmal versuchten sie, an die Wolga zurückzukehren. Eine Abordnung von ihnen wurde im Kreml empfangen. Aber wieder hieß es, dass es keinen Weg zurückgebe. „Wenn das möglich gewesen wäre, hätten wir unsere Ruhe gefunden und wären wir nicht nach Deutschland gekommen."
Klingt das nach „Ankommen"?
Nun sprach sie von Berlin als ihrer neuen Heimat. Dort ist sie von ihrer Familie umgeben. Sie meinte, nur ein halbes Leben gehabt zu haben, denn in den 55 Jahren in Baschkirien vermisste sie schmerzhaft ihre Sprache, die Musik und Literatur ihrer Vorfahren. Das hoffte sie in Deutschland wieder zu finden. Das war der Grund ihrer Ausreise.
Eines Abends wurde im Kurhaus ein Konzert mit russischen Liedern gegeben. Von der Großfamilie fehlten nur die Jüngsten. Die übrigen sangen mit russischer Seele gemeinsam mit den Künstlern alle Lieder. Zum Abschluss erklang „Suliko", Stalins Lieblingslied. Keiner von der Familie stimmte in den Gesang ein und keine Hand rührte sich zum Beifall.
An einem der nächsten Morgen hörte ich während einer Behandlung slawische Musik aus dem Radio. Hinter einem Vorhang unterhielt sich der Therapeut auf Deutsch mit der alten Mama und meinte freundlich, dass diese Musik extra für sie gespielt werde. Ich hörte, wie sie mit leiser, aber fester Stimme auf Deutsch sagte: „Ich glaube nicht!"
Ob die alte Mama jemals von sich sagen konnte, dass sie bei sich angekommen sei? Hatte sie bei der Schwere ihres Schicksals das Bedürfnis, darüber nachzudenken? Es konnte für sie keine Frage des Lebens sein.
Ich nähere mich lieber dem Motto „Erkenne dich selbst!"

Diese antike Aufforderung verlangt ebenso das Ankommen bei meinem unverwechselbaren Ich, das so ist, wie es immer war und sich trotzdem beständig wandelt. Es gab in den Mädchenjahren eine Zeit großer Unsicherheit und Zukunftsfreude zugleich. Drehte sich die Welt um mich? Gab es nur mich? War das Ganze um mich herum nur für mich?
In der alle Grenzen sprengenden Einbildung sah ich zugleich meine Winzigkeit und Schwächen. Wie ist damit ein sinnhaftes Leben möglich? Wie soll ich das erreichen?
Am Eingang des Tempels zu Delphi habe ich das Lebensmotto nicht finden können. Vielleicht war es dort auch nie zu lesen. Aber es steht in der Welt und es verlangt auch die Einsicht, das begrenzt Mögliche in einem Leben zu bemessen, hinzunehmen und sein Seelenheil zu finden.

Tonis Lebenshilfe:

Toni kam sichtlich bewegt zu mir und erzählte, dass er die Nacht über nicht schlafen konnte. Ein Gedanke hatte ihm plötzlich die Ruhe genommen: Er sei doch für die Welt ganz unwichtig!
Mein Enkel erschütterte mich mit seiner Einsicht. Ich sagte ihm, er sei für seine große Familie und für viele andere Menschen eine ganz wichtige Person. Jeder Mensch sei einmalig. An seine Existenz ist unser Glück gebunden!
Ich weiß nicht, ob meine Erwiderung ihn beruhigt hat.

Schatten auf der Sonnenuhr (Nachlese)

Noch gehe ich jeden Morgen in den Garten. Noch ist es warm. Über das Nachthemd habe ich den Bademantel gezogen. Es ist meine erste Begegnung mit diesem Tag in der Welt. Ich sehe in den hohen Himmel, der das klare Blau rings um die Sonne noch nicht gefunden hat. Kraniche und Gänse fliegen in Keilen zu den nahen Futterplätzen. Am Abend werden sie zu den Altfriedländer Teichen zurückkehren.

Aus dem Briefkasten hole ich die zwei Zeitungen. Eine gibt mir Nachricht über Geburtstage der bejahrten Bürger meiner Umgebung, über Eineweltnamen der Neugeborenen, über Diebstähle und Überfälle, über Wetter, Konzerte, Ausstellungen und Ratsbeschlüsse. Den politischen Teil der Zeitung werde ich wie immer überfliegen. Die andere Zeitung bestätigt meine Urteile über das Geschehen im großen Erdkreis. Das gibt mir Sicherheit in aller Unsicherheit über das, was kommen wird.

Mit beiden Zeitungen in der Hand laufe ich durch mein eingezäuntes Paradies, das ich vor Jahren gegen ein anderes eintauschen musste. Noch stehen die Blumenkübel an ihren Plätzen, ist die Bank nicht weggeräumt, liegen bunte Lavasteine Islands in einem Korb, scheint die Dahlie kein Ende ihres Blühens zu finden, wartet die Spinne in ihrem Netzwerk auf Beute.

An der Schuppenwand gibt seit langem eine Sonnenuhr die Stunde an. Als ich die bunte Keramikplatte in einem der voll gestopften Souvenirläden auf Mallorca sah, wusste ich sogleich, dass ich sie kaufen werde. Mein Hunger nach Keramik war noch ungestillt. Ihren Auftrag kann die Sonnenuhr nur selten erfüllen. Sie geht nach der Zeit, die nicht die Sommerzeit ist. Ich stehe vor der Uhr. Jetzt zeigt sie an, dass ich im Zeitlosen lebe. Schatten liegt auf ihr, es scheint mir keine Stunde zu schlagen. Bin ich glücklich, weil es so ist?

Den Schatten, der mir die Zeitlosigkeit vortäuscht, legt mir der Ginkgo auf die Sonnenuhr. Er ist zuverlässig gewachsen, Jahr für Jahr. Ein Urahne von ihm beschattete früher Joachims Arbeitszimmer in unserer Universität.

Aus dem kleinen Stock, der im Garten Ersatz für den verlorenen Humboldt-Baum sein sollte, ist nun ein haushoher Baum geworden mit edlem Gleichmaß seiner Zweige. So sehr sein beständiges Verändern mich ergreift, so genau weiß ich auch, dass ich mich verändert habe und dass alles sich verändern wird: Meine beiden Lebenshelfer sind in die Welt gezogen, ohne Angst, wie ich sie hätte; mit großen Plänen, wie ich sie nicht mehr schmieden kann.

Eine Frage habe ich in all den Jahren, als der Ginkgo erwachsen wurde, vergessen zu beantworten: Wie schafft die Eintagsfliege nur ihr ganzes Leben?

Ich war damals sprachlos über die philosophische Frage eines Kindes und wusste auch keine Antwort.

Heute weiß ich sie noch immer nicht. Ich will auch die Güte dieser Frage nicht verderben. Nur die Lebensschritte der Eintagsfliege kann ich aufzählen:

Am Anfang ist die Eintagsfliege keine Fliege. Sie ist eine Larve, die im Wasser lebt. Sie häutet sich und häutet sich und wächst heran. Dann geht sie an Land und häutet sich ein letztes Mal für ihre eigentliche Bestimmung: An einem einzigen Tag hat sie die Gestalt eines feingliedrigen Insektes mit Flügeln. So zauberhaft sie aussieht, so wenig Zeit bleibt ihr. Sie kann und muss nicht mehr fressen und gehen, weil sie nur noch wenige Stunden lebt. Am Abend reiht sie sich mit Abertausenden in den Hochzeitsflug ein, um ihre Art zu erhalten. Dann stirbt sie.

Nun weiß ich nicht sicher, welche Bestimmung unsere Art hat. Früher meinte ich es zu wissen.
Neulich hörte ich die Antwort: „Glücklich sein!"
Reicht das?

Für meine Enkel Johanna und Matthias

Über die Autorin

Gudula Zückert wurde 1941 in eine Berliner Lehrerfamilie hineingeboren. Sie wuchs im Osten der Stadt auf. Nach dem Abitur entschied sie sich für ein Lehrerstudium in den Fächern Geschichte und Germanistik an der Humboldt-Universität zu Berlin. Einige Jahre arbeitete sie als Lehrerin an Allgemeinbildenden Polytechnischen Oberschulen. 1967 ging sie zurück an die Universität, Sektion Geschichte, wo sie nach einer wissenschaftlichen Ausbildungszeit zum Dr. paed. promovierte. In den folgenden Jahrzehnten war Gudula Zückert dort als Lehrerin im Hochschuldienst tätig. Als Mitarbeiterin des Bereiches Methodik des Geschichtsunterrichts unterrichtete sie Studenten in der Lehrerausbildung.
Nach der Vereinigung der beiden deutschen Staaten blieb sie an der Universität, bis ihr Arbeitsvertrag 1996 auslief.
Seitdem arbeitete Gudula Zückert, inzwischen erwerbsunfähig geworden, sporadisch für Schulbuchverlage, Steven Spielbergs Shoah Foundation, im Verein Schülerhilfe und bei der Erwachsenenbildung verschiedener Institutionen.
Gudula Zückert lebt mit ihrer Familie in Strausberg.

Inhalt

Sonnensonnabend zwischen den Zeiten (1990) 7
Der letzte und der erste Tag (1990) 12
Träume und Zeichen (1991) 16
Fünfundsiebzig Jahre... (1992/2009) 21
Unterwegs (1992) 25
Verunsicherung (1992) 29
Keine Hoffnung (1993) 33
Aus meinem neuen Wortschatz (1994) 39
Wer bin ich? (1995) 45
Gestern und heute (1995) 53
Zaubernacht (1996) 56
Die alte Schreibplatte (1996) 61
Sie kommen jedes Jahr (1997) 67
Nach dem Leben (1997) 70
Einladung ins Bellevue (1997) 80
Randbemerkungen... (1998) 88
Weihnachts-Geschichte... (1998) 96
Kreuzwege und Wegekreuze im Adlergebirge (1999) 99
Die Dienste arbeiten überall (2000) 107
Wonnenberg (2001) 113
Goldgräber in der Georgenstraße (2002) 121
Die Nachbarin (2003) 126
Omchens Leben in ihrer Zeit (2004) 129
Herbstzeitlose (2005) 139
Es geschah um dreiviertel elf... (2006) 141
Mein erster Friedenssommer (2007) 150
Dichtung und Wahrheit in einer Ballade (2008) 156
Palästina-Schuhe und andere (2008) 164
Das ferne Jahr ganz nah – 1934 (2009) 169
„Ankommen" (2009) 192
Schatten auf der Sonnenuhr (Nachlese) 197
Über die Autorin 200